GÖTTINGER ORIENTFORSCHUNGEN
I. REIHE: SYRIACA

Herausgegeben von
Martin Tamcke

Band 49

2016
Harrassowitz Verlag · Wiesbaden

Makarios/Symeon in östlicher Überlieferung

Macarius/Symeon in Eastern Tradition

Beiträge des VIII. Makarios-Symposiums, Bergvik 2014

Herausgegeben von/Edited by
Martin Tamcke

2016

Harrassowitz Verlag · Wiesbaden

Bibliografische Information der Deutschen Nationalbibliothek
Die Deutsche Nationalbibliothek verzeichnet diese Publikation in der Deutschen Nationalbibliografie; detaillierte bibliografische Daten sind im Internet über http://dnb.dnb.de abrufbar.

Bibliographic information published by the Deutsche Nationalbibliothek
The Deutsche Nationalbibliothek lists this publication in the Deutsche Nationalbibliografie; detailed bibliographic data are available on the internet at http://dnb.dnb.de.

Informationen zum Verlagsprogramm finden Sie unter
http://www.harrassowitz-verlag.de

Gedruckt auf alterungsbeständigem Papier.
Druck und Verarbeitung: Hubert & Co., Göttingen
Printed in Germany

ISSN 0340-6326
ISBN 978-3-447-10579-8

Inhalt

Vorwort

Vom 21.–24. August 2014 tagte die finnisch-deutsche Theologentagung zu Makarios auf Einladung der finnischen Partner Gunnar af Hallström und Jouko Martikainen in Bergvik, einem lutherisch-ökumenischen Zentrum, das auf das Wirken des im lutherisch erwecklichen Geist arbeitenden Professors für orientalische Literatur an der Universität Helsinki, Weele Aapeli Saarisalo, zurückgeht, der zugleich christlicher Archäologe und Theologe war und zahlreiche Exkursionen in den Orient unternahm. Die Eigenart dieses Zentrums trägt der langen Tradition der Makarios-Symposia Rechnung, die stets für ihre wissenschaftliche Arbeit auch sich um einen spirituellen Rahmen bemühten. Die Entscheidung für den an einem See in herrlicher Waldlandschaft gelegenen Ort ging wieder auf eine Initiative des Kollegen Martikainen zurück, der von Anfang an ein wichtiger Ideengeber bei den Treffen war. Martikainen hat selbst in seinen Werken sein wissenschaftliches Interesse stets so betrieben, das dessen spirituelle Dimension mit zum Tragen kam. Die Druckfassung erarbeitete dankenswerter Weise Julius Burghardt unter Mitarbeit weiterer Mitarbeiter am Göttinger Lehrstuhl.

Er hat dieses Mal selbst keinen Beitrag zur Konferenz abgeliefert, doch liefen bei ihm viele der Fäden zusammen, die dieser Konferenz wieder einen einzigartigen Charakter gaben. Mittlerweile begeht der Kollege Martikainen seinen 80. Geburtstag. Aus diesem Grunde widmen wir seitens der an der Herausgabe beteiligten Mitarbeiter des Instituts für Ökumenische Theologie und Orientalische Kirchen- und Missionsgeschichte an der Theologischen Fakultät der Georg-August-Universität zu Göttingen (an der Martikainen von 1978–1981 forschte und ab 1984 bis zu seinem Ruhestand 2001 lehrte) ihm diesen Band in Dankbarkeit für seine Arbeit und beständige Art, der es zu verdanken ist, dass das Symposium bis heute weitergeführt wurde und so klar Impulse aufnahm, die sich aus seiner Person erklären. Die meisten der langjährigen Mitglieder des Symposiums sind persönliche Freunde des Jubilars. Es fügt sich gut, dass der Band in der von Martikainen einige Zeit betreuten Reihe der Göttinger Orientforschungen SYRIACA erscheint, die sein Vorgänger und langjähriger Vorgesetzter Werner Strothmann gegründet hatte und die von ihm bis 2001 fortgeführt worden war.

Martin Tamcke,
Göttingen 2015

The Appeal to the Fathers Exemplified through Macarius

Gunnar af Hällström

Introduction

In the best-known patrologies the Church Fathers are described or defined by using a number of characteristics. The almost legendary "Patriologie" by *Berthold Altaner* and *Alfred Stuiber,* published in many editions and translated into many languages, declares that though "*pater*" means a bishop or at least a priest in general, these had to meet with four requirements in order to qualify as Church Fathers: *doctrina orthodoxa, sanctitas vitae, approbation ecclesiae*, and *antiquitas.* Concerning orthodoxy it is stated that it should be understood "nicht im Sinne völliger Irrtumsfreiheit, sondern treuer Lehrgemeinschaft mit der rechtgläubigen Kirche."[1] Let's note that orthodoxy is not just mentioned, it is mentioned first of all. The classical handbook in the English-speaking world is and was *Johannes Quasten*'s "Patrology". Here we meet the same four requirements, strictly applied. Early Christian authors not meeting the conditions well enough are classified as *ecclesiae scriptores* or *scriptores ecclesiastici.* Again, orthodoxy is mentioned as the first requirement. Patrology has, naturally, always been an important topic among Orthodox theologians, in Finland as elsewhere. For decades, Finnish Orthodox students used to read the "Patrologia" of *Aari Surakka.* The definition of a Church Father does not change when moving from western to eastern Christianity. The same four requirements mentioned by Altaner-Stuiber and Quasten are presented again and accepted. *Doctrina orthodoxa* is also here the first requirement but with the addition that "erroneous subjectivism" may occur. The fact that Surakka's book is an elaboration of *Gerhard Rauschen's* "Grundriss der Patrologie" lacks importance here: orthodoxy is the first requirement in all these patrologies.

In the following, requirement number one, doctrinal orthodoxy, will be critically discussed. The principle is certainly understandable but not without its problems. I will illustrate this by three examples, the last one being Macarius. The presentation will be more personal than scholarly articles usually are, since I follow the chronology of my own research in the patristic field.

---

1 Altaner-Stuiber, *Patrologie*, p. 4.

1. Origen of Alexandria

The first early ecclesiastic writer I encountered as a young Master of Theology after switching from modern Swiss theologians to the Church Fathers was Clement of Alexandria. Guided by Heikki Koskenniemi, the inspiring professor of Greek language at the University of Turku, a small patristic study group used to translate together texts about Christian behaviour at dinner parties, correct dress and pious ways of laughing (that is, gentle smiling). I was stunned! But it was Clement's so called successor Origen who interested me most. When suggesting him as the target for my doctoral research my supervisor countered me with the question "Do you know he was a heretic?" Thus the principle number one, orthodox doctrine, met me from my first patristic moment. The incipient patrologist kept his head and started reading Adamantius, but admittedly the situation was a problematic one. A number of Origen's central thoughts were condemned in a decree by emperor Justinian in 543 and by the fifth ecumenical council in 553. His books were ordered to be burned. *Decretum Gelasianum* put his books among the forbidden ones. But the appeal to Origen never came to a complete end. In the latter half of the 20th century the references to this great Alexandrian flooded. Origen was impossible to stop. In fact, his popularity overthrew that of most so-called Orthodox Church Fathers. All this seems to have been the result of a new understanding of Origen, initiated by the work of Walther Völker in 1931. In his study "Das Vollkommenheitsideal des Origenes" Origen was understood as the father of mysticism. There was and still is a strong demand for this kind of spirituality, also among scholarly theologians. If so, should the old maxim "*lex orandi legem credendi statuat*" be interpreted afresh? The legacy of Origen seems to indicate that one should say "*lex orandi superior quam lex credendi*". In order to avoid such a conclusion modern theologians have brought forward a number of scholarly arguments,[2] but references to Origen were possible even in the early church, in spite of Origen's presumed heterodoxy. This was made possible in the following way:

First, Origen's numerous and influential friends, not least the Cappadocian fathers, promoted Origen's theology. Where reference to Origen was inacceptable, reference to his famous successors was perfectly possible. E. M. Harding has put this fact nicely: Origen's legacy had already, when the doctrinal quarrels began, been safely digested into the theological macrostructure of Christianity in general … and Byzantine religious thought in particular.[3] Appeals to Origen were rare because he was suspect, but he lived anonymously in the "Christian macrostructure." Let's take an example from the early Lutheran tradition. Luther was no friend of Origen, rather the opposite. He could criticize his allegorical interpretations vehemently. But

2 The most popular arguments go as follows: 1) The opinions condemned in 553 where those of Origen's followers rather than those of the master himself. 2) Origen presented theories and alternative solutions but these were later taken for dogmas.

3 McGuckin, *The SCM Press A–Z Dictionary of Origen*, p. 163.

when Origen, obviously as the first one, interpreted the inn used by the good Samarian to be the church (Luke 10:14), Luther did not shrink from using the same allegory – but without a reference to Origen. The reference to Origen was neither deliberate nor explicit, but Origen's interpretation was already digested into the church's teaching.

Second, books known to be by Origen were read in secret, or read in censured versions. According to Basil Studer the whole western Christendom was familiar with Origen's works at the turn of the 4th and 5th century,[4] a period already vexed by the controversies concerning Origen. This did not prevent people from reading him, it prevented only public reading. The homilies were the most popular works read this way. 279 homilies are extant today, and, significantly, the major part in Latin.[5] In the homilies Origen's pastoral attitude is displayed, as well as his internalized interpretation of biblical events. Historical events become psychologized and spiritualized, though the biblical and historical event seldom is denied. Also, Origen's book on dogmatics, *De Principiis*, was read in the monasteries but equipped with warnings in the margins! This was one way of safeguarding the *doctrina orthodoxa*. Another way was, when speaking about western Christendom, to translate Origen into Latin in a doctrinally modified form.[6] Jerome had a quarrel with Rufinus of Aquileia concerning the correctness of publishing such censured versions of Origen.

After the year 553 references to Origen had to be done cautiously or indirectly, but they were nonetheless made. The doctrine of the eternal generation of the Son from the Father could be defended as genuine Christianity, but it was not wise to emphasize that the doctrine was formulated by Origen. Today the situation is different. Origen is called, in spite of earlier doubts, "le génie du christianisme"[7], and "der einflussreichste Theologe der griechischen Kirche," (Waltrand Grosse). He is "undoubtedly the greatest genius the early church ever produced."[8] This is to some extent so also within Protestant circles, though St. Augustin remains the "genie" most referred to. Reformed theologians have no problems with referring to Origen in debating the Eucharist. Among defenders of infant baptism Origen is explicitly quoted for support.

My patristic research continued with Justin Martyr and Tertullian. *Doctrina orthodoxa* applies better to them than to Origen. Both of them are frequently referred to, but neither of them is officially a Church Father. True enough, they were not bishops.

---

4 See B. Studer, *Zur Frage der westlichen origenismus* (1966, in TU 94).

5 McGuckin, *The SCM Press A–Z Dictionary of Origen*, p. 25.

6 One of the early translators of Origen, Rufinus of Aquileia, explicitly admits that he corrected Origen's text: "Sicubi ergo nos in libris eius (Origenis) aliquid contra id invenimus, quod ab ipso in ceteris locis pie de trinitate fuerat definitum, velut adulteratum hoc et alienum aut praetermisimus aut secundum eam regulam protulimus, quam ab ipso frequenter invenimus adfirmatam." Rufinus' Praefatio 3 to Origen's De Principiis.

7 This is the title of the book on Origen by Jean Daniélou (1948).

8 McGuckin, *The SCM Press A–Z Dictionary of Origen,* p. 25.

2. Dionysius, the so-called Areopagite

For a couple of years Dionysius, the so-called Areopagite, was in the focus of my interest. In a number of ways he reminds us about Origen, in spite of the fact that we know almost nothing about him but a lot about Adamantius. It is, therefore, impossible to say anything about *sanctitas vitae* in the case of the former. One of the conditions for the status of a Church Father is totally missing.

Dionysius came to common knowledge within the body of Christians during the discussions on monophysitism in Constantinople in 532/533. The monophysitist delegation ("Severiani") appealed to his writings in order to support their doctrinal position but were rejected by the orthodox party with the remark that his writings were not necessarily genuine, that is, written by St. Paul's disciple in Athens. "*Testimonia quae vos beati Dionysii Ariopagitae dicits, unde potestis ostendere vera esse, sicut suspicamini*?" Neither Athanasius nor Cyrill of Alexandria knew those writings, the orthodox side argued, therefore they were perhaps not genuine. But when the *Corpus Areopagiticum* became generally known, both parties appealed with equal confidence to him and his authority. As the disciple of a great apostle his authority was guaranteed. No traces of a monophysite theology in the *Corpus* was noticed by the great names of Orthodoxy, such as Leontius of Byzantium, Maximus Confessor or John of Damascus. It was perfectly possible to read the Areopagite as an orthodox thinker, and this way he is still read in Orthodoxy. In my opinion, Dionysius was a great ecumenical thinker. When asked to choose between A (dyophysitism) and B (monophysitism) his choice was C, a "*tertium comparationis*." Such an ecumenical method is still worth considering.

References to the Areopagite were possible because of a number of reasons. The presumed apostolic background and authority is one such reason. The doubts concerning his apostolicity were soon forgotten after the talks in Constantinople. When a person is considered apostolic, he is *a priori* orthodox, and must be interpreted in accordance with orthodoxy. There is goodwill and readiness to understand and interpret such a person the best possible way. In our days, the so-called hermeneutics of suspicion is often discussed: it means that a person is beforehand suspicious about a text and interprets it in accordance with this mistrust. *Corpus Areopagiticum* met the opposite phenomenon, a hermeneutics of trust and reverence in front of a disciple of St. Paul. During the 20th century even Greek scholars slowly abandoned the claim for apostolicity and a new situation arouse. Among ordinary Greek churchgoers however, the *Corpus* is still a piece of work of St. Paul's disciple, written in the first century and enjoying apostolic respect.

The Dionysian Corpus was *translated into Latin* by abbot Hilduin and thirty years later by Johannes Scotus Eriugena. In 827 a copy of the latter translation was presented as a gift from the Byzantine Emperor Michael II to the Monastery of St. Denys in the vicinity of Paris. The text soon enjoyed apostolic authority in the West as well as in the East. The translation was done well enough to meet the requirements of orthodoxy, in the same way as were the translations of Origen. The greatest theologian of all in the West, *doctor angelicus* Thomas of Aquino, quoted *Corpus Dionysiacum* over and over again: "*totam fere doctrinam theologicam (Thomas) ex purissimis Dionysii fontibus hausisse*." Corderius in Migne's *Patrologia* estimated there being about two thousand references to the Areopagite in Thomas.[9] And nowhere does Thomas find a fault in the Christological statements of the *Corpus*. It is totally integrated, "digested" into the "macrocosm" in the same way as Origen's theology into early Christianity.

One treatise in the Dionysian corpus was to influence later centuries more than the others. The tiny *Theologia mystica* was of great importance to great mystics such as Meister Eckhard and Nikolaus of Kues. Lorenzo Walla and the reformation rejected the apostleship of Dionysius, whereas Luther rejected him on doctrinal grounds. A new situation came into being: the nowadays non-apostolic *Corpus Dionysiacum* fascinates through its magnificent mystical theology. To judge from the enthusiasm for the Dionysian *Corpus* in the 21st century *lex orandi* seems to overcome all obstacles, also that of pseudonymity. The *Corpus* is too good a piece of work from the spiritual point of view to be ignored, though all the official criteria of a Church Father are not indisputably met. In modern times even such a theory has seen daylight that Dionysius was in fact – a Church Mother!

3. Macarius

Last but not least the so called Pseudo-Macarius came into my patristic research program through the inspiring Macarius-conferences in Germany and Finland. However, the starting point for the study of Pseudo-Macarius was not very encouraging. A church council in Side condemned Messalianism in 390, and the ecumenical council in Ephesus 431 A.D. did the same concerning Asceticon, a collection of sentences from Macarius' writings. There is a certain irony in the fact that all three patristic authors in my research program received severe criticism because of their written opinions. Imagine that a modern theologian would see his literary production condemned by a council, and by an ecumenical council (Origen and Macarius), ordered by an emperor (Justinian) to be burned (Origen) and rejected as paganism by Luther (Dionysius).[10] In spite of all that, all three authors were read and continue to be so, and references and appeals are made to them not least in our own times. All this suggests that *doctrina orthodoxa* may not be the decisive feature in thinkers treated as Church Fathers.

9 B. R. Suchla has modified the figure a bit: there are 1700 quotations. Suchla, *Lexikon der antiken christlichen Literatur*, p. 176.

10 As for Luther's attitude towards Dionysius, see the article of F. Cleve in Grapta poikila II (2008).

Both Dionysius and Macarius are protected by the graceful ignorance called anonymity. This statement applies to modern times, however, the early church thought it knew both authors. Modern research caused the ignorance. An anonymous author can be anything: an apostle, a desert father, a heretic. Since we do not know only the text matters. Appeals to it can be made without risk – till we learn who the author was. We have a rough idea about the geographical and spiritual positions of Dionysius and Macarius, but both can be doubted. Macarius is not beyond doubt a moderate Messalian ascetic any more, though widely regarded so.

References to Macarius could be made since he was "under the protection of a great name", as Quasten put it.[11] Macarius the Egyptian was the name given "um die Schriften vom Verdacht häretischer Auffassungen zu befreien",[12] but his writings also circulated under such names as Symeon Stylites, Gregory of Nyssa, and even Ephraem the Syrian.

Among protestants the strong tie between Macarios and John Wesley has recently called for attention. There is an evident indebtedness to Macarios in the thought of the father of Methodism, but no explicit references to him. The same fact applies to Charles Wesley's hymns. An edifying thought is useful no matter from whose pen it is. Macarius was already "digested into the macrostructure" and needed not to be mentioned, to say it with Harding once again.

Whoever Macarius was, his spiritual theology represents high level Christianity. "seine 50 Geistlichen Homilien sind eines der meistgelesenen Erbauungsbücher der Neuzeit," according to the evaluation of Klaus Fitschen.[13] If not orthodox beyond dispute, he was no less valuable because of his piety. It should be noted that of all his writings his homilies were considered the best ones. Origen's homilies were famous for the same reason: in them the existential and pastoral interpretation was more to the fore than the historical. *Lex orandi* emerged as the winner in the early church and probably will continue to do so in Christianity. "*Lex orandi statuat legem credendi*", Prosper of Aquitaine said. Let's change that a bit and say: *lex orandi statuat patrem ecclesiae*!

Conclusion

The old Symeon in the temple of Jerusalem said of Jesus Christ that he will become "*in signum cui contradicetur*," Luk 2:34. The same can be said of the three fathers referred to in this article: they were signs that were contradicted. The contradictions do not refer only to microscopic details, but to important doctrinal topics in the hierarchy of truths. In spite of this, their genuine and deep spirituality continues to

11 Quasten, *Patrology* III, p. 163.

12 K. Fitschen in *Lexikon der antiken christlichen Literatur*, p. 409.

13 Ibid.

convince people. These authors are fathers, indeed, and they could and should be read and appealed to.

Thus, the definition of a Church Father needs perhaps a modification: the first characteristic should perhaps not be "*doctrina orthodoxa*" as in Altaner-Stuiber and Quasten. They are not read first of all because of their impeccable doctrine – the correctness of doctrine may be the third or fourth reason why we refer to them! The doctrinal characteristic needs to be tuned down, though it is still clear that certain heretical opinions will never be accepted in a Church Father (Arius, Pelagius etc.). Because of the anonymity of Dionysius and Macarius/Symeon, the second characteristic of a father is problematic, too: we know nothing about their holiness in life. We only know that they wrote about it, prayed for it, and urged people towards it. How they themselves succeeded – we do not know. Unknown in many respects, leaving behind more or less orthodox texts, being masters of spirituality, they strongly suggest that the "*lex orandi*" is the criterion number one.

Literature

Altaner, Berthold and Alfred Stuiber, *Patrologie. Leben, Schriften und Lehre der Kirchenväter*. 6th ed, Freiburg: Herder, 1966.

Quasten, Johannes, *Patrology*. Utrecht: Spectrum, 1950.

Rauschen, Gerhard, *Grundriss der Patrologie mit besonderer Berücksichtigung der Dogmengeschichte*. 4th–5th ed. Freiburg: Herder, 1913.

Surakka, Aari, *Patrologia. Johdanto kirkonisien kirjoituksiin ja niihin sisältyvään oppiin*. Kuopio 1959.

Origen:

Harding, E. M., "Origenist Crises." In *The SCM Press A–Z Dictionary of Origen*, edited by John A. McGuckin. London: SCM Press, 2006.

Lies, Lothar, *Origenes' "Peri Archon". Eine undogmatische Dogmatik*. Chapter 11: Wirkungsgeschichte von P (eri) A (archon). Darmstadt: WBG, 1992.

Völker, Walter, *Das Vollkommenheitsideal des Origenes*. Beiträge zur historischen Theologie 7, Tübingen: Mohr, 1931.

Dionysius the Areopagite:

Cleve, Fredric: "Martin Luther and Dionysius the Areopagite." In *Grapta poikila II Saints and Heroes*, edited by Leena Pietilä-Castrén and Vesa Vahtikari. Papers and Monographs of the Finnish Institute at Athens XIV. Helsinki 2008, p. 91–110.

Suchla, Beate Regina, "Dionysius Areopagita." In *Lexikon der antiken christlichen Literatur*, edited by Siegmar Döpp and Peter Bruns. Freiburg: Herder, 1998, p. 174–177.

Macarios:

Fitschen, Klaus, „Macarius der Ägypter/Simeon." In *Lexikon der antiken christlichen Literatur*, edited by Siegmar Döpp and Peter Bruns. Freiburg: Herder, 1998, p. 409–410.

Dörries, Hermann, *Die Theologie des Makarios-Symeon*. Göttingen: Vandenhoeck & Ruprecht, 1978.

Maddox, Randy L., "John Wesley and Eastern Orthodoxy: Influences, Convergences and Differences." *The Asbury Theological Journal 45.02 (1990): p. 29–54.*

Kimbrough, S. T. (ed.). *Orthodox and Wesleyan Spirituality*, Crestwood: St. Vladimir's Seminary Press, 2002.

Snyder, Howard A. "John Wesley and Macarius the Egyptian." *Asbury Theological Journal* 45.02 (1990): p. 55–60.

Das herrliche Bild Christi in der Seele des Menschen

Makarios-Symeon in der Vorgeschichte des byzantinischen Bilderstreites[1]

Reinhart Staats

Vor bald einem halben Jahrhundert (1967) war mein Buch erschienen „Gregor von Nyssa und die Messalianer". Mein Thema war die Untersuchung der literarischen Verwandtschaft des Traktates von Gregor von Nyssa „De instituto christiano" mit dem Großen Brief des Makarios-Symeon, eines in der Ostkirche bis heute berühmten und sehr beliebten Mönchsvaters und Seelsorgers. Die Beziehung zwischen Gregor von Nyssa und Makarios-Symeon ist in diesen beiden Texten trotz wichtiger inhaltlicher Differenzen philologisch sehr eng.

Werner Jaeger war überzeugt, dass die von ihm edierte Schrift Gregors „De instituto christiano " gegenüber der „Epistola magna" des Makarios-Symeon die Priorität habe. Dagegen konnte ich nachweisen, dass umgekehrt die Epistola Magna des Makarios-Symeon die literarische Vorlage in Gregors „De instituto" gewesen war. Diese Erkenntnis musste Folgen haben nicht nur für die Makarios-Symeon-Forschung, sondern auch für die Gregor-Forschung. Die Priorität des Makarios-Symeon gegenüber Gregor von Nyssa konnte seitdem in der Forschung nicht widerlegt werden und fand auch weithin Anerkennung. Und auch die Behauptung, dass womöglich Gregor von Nyssa gar nicht der Autor der Schrift „De instituto christiano" gewesen sei, konnte sich nicht durchsetzen. Bis 1967 war allerdings in der patristischen Wissenschaft die Lehre Werner Jaegers von der Priorität Gregors weithin anerkannt gewesen. Demnach sollte der alte hochgelehrte Gregor von Nyssa den syrisch-griechischen Mönchsvater Makarios-Symeon zur Niederschrift seines viel schlichteren Großen Briefes veranlasst haben. Seit 1967 ist jedoch dieses Prioritätsproblem umgekehrt zu beurteilen. In meiner 1984 erschienenen textkritischen Edi-

1 Überarbeitete Fassung meines Vortrages auf dem Makarios-Symposium 21.–24. August 2014 in Bergvik (Finnland). Danach (September 2014) hatte ich in Rom auf dem „XIII. International Colloquium on Gregory of Nyssa (Gregory of Nyssa´s ‚In Canticum')" meine früheren Beobachtungen über die Abhängigkeit des Gregor von Nyssa von Makarios-Symeon in spezieller Hinsicht auf Parallelen im Hoheliedkommentar Gregors erweitert: Es gibt zumindest dreizehn inhaltliche, sogar wörtliche Übereinstimmungen zwichen Gregor („In Canticum") und Makarios-Symeon („Epistola Magna" und „Fünfzig geistliche Homilien"). Der englische Text jenes Rom-Vortrages wird publiziert. In meiner hier nun überarbeiteten Fassung des Bergvik-Vortrages zitiere ich schließlich auch eine besonders interessante, das Bilderproblem betreffende Parallele zwischen Makarios (H 30,3–4) und Gregor (In Canticum 15).

tion der Epistola Magna habe ich das dann auch durch synoptische Gegenüberstellung der beiden so umstrittenen Texte sichtbar und nachprüfbar gemacht. Freilich waren schon früher auch in anderen Texten des Makarios-Symeon wörtliche und inhaltliche Parallelen zum Werk Gregors festzustellen, so dass man auch hier eine geistige Abhängigkeit unseres syrischen Kirchenvaters von dem in der christlichen Theologie- und Dogmengeschichte ja auch hoch angesehenen kappadozischen Kirchenvaters vermutete. So hatte Hermann Dörries in seinem Kommentar zu den „Fünfzig geistlichen Homilien" des Makarios einige Parallelen in Gregors Homilien zum alttestamentlichen Hohenlied Salomos erkannt. Ich habe in letzter Zeit noch weitere Parallelen in Gregors „In Canticum" gefunden. Diese merkwürdig makarianisch anmutenden Textstellen in Gregors Hoheliedkommentar hatte ich im September 2014 in Rom auf dem Gregor von Nyssa-Kolloquium vorgestellt und dazu die These vertreten, dass Gregor von Nyssa in die weitere Vorgeschichte des byzantinischen Bilderstreites gehöre. Hier nun mit diesem Aufsatz möchte ich ähnliche Beobachtungen im Werk des gegenüber Gregor ja älteren Makarios-Symeon vorstellen. Schon dieser Mönchsvater scheint mir mit seiner Lehre vom himmlischen Bild Christi in der menschlichen Seele noch klarer als Gregor von Nyssa in die Vorgeschichte des byzantinischen Bilderstreites zu gehören. Zum Schluss möchte ich das an solchen Textstellen demonstrieren, wo Makarios-Symeon selbst schon wie ein Gegner äußerer Christusbilder zu argumentieren scheint. Die von der Forschung nicht mehr zu widerlegende Tatsache, dass Makarios-Symeon in die Frühgeschichte des sogenannten „Messalianismus" gehört, passt zu diesem Befund. Nachweislich lag ja schon im frühen Messalianismus eine ikonoklastische Tendenz.

Zunächst sei an die frühere Forschung zum Bilderstreit erinnert. Man hatte immer wieder im christlich-römischen Kaiserreich nach Kaiser Konstantin dem Großen (gestorben 337) das Verbot der Abbildung von Christus und Heiligen mit dem Einfluss des Judentums und seines Dekalogs (Ex. 20,4-5) und später, seit dem siebten Jahrhundert, mit dem Einfluss des Islam zu erklären versucht. Dagegen sei zunächst daran erinnert, dass es in Kappadozien und im großen Syrien zur Zeit unserer beiden Kirchenväter noch gar keine Ikonostasen in kirchlichen Gebäuden und überhaupt keine theologische Rechtfertigung von Jesusbildern und Heiligenbildern in Kirchen oder in der Öffentlichkeit geben konnte. Für die Kirchengeschichte der ersten Jahrhunderte, ja noch bis ins vierte Jahrhundert, bleibt der schlichte Satz von Johannes Kollwitz, einer Kapazität christlicher Archäologie, gültig: „Die Stellung der frühen Christenheit zum Bild ist bestimmt durch ihre Polemik gegen Götterbild und Götterkult... Polemik gegen das Götterbild schließt nicht nur jedes Kultbild, sondern auch jede porträtmäßige Darstellung Christi oder seiner Apostel aus. Trotz stärkster Verbreitung derartiger Bilder in paganen Kreisen (Ahnenbild, imagines illustrium, Philosophenporträt) gibt es nichts Ähnliches im christlichen Raum. Soweit man Christus darstellt, geschieht es in Form von *symbola* (das Wort bei Euseb, Vita Constantini 3,49): Christus als Hirt, als Lehrer, als Fischer."[2] Umso mächtiger als

2 J. Kollwitz, Artikel „Bild III", in: RAC 2 (1954) 319f.

jedes gemalte oder gemeißelte Christusbild war die private Erfahrung des Bildes von Jesus Christus im Herzen und in der Seele des Gläubigen. Das bezeugen ganz besonders die „Fünfzig geistlichen Homilien des Makarios". Unser Makarios-Symeon und auch Gregor von Nyssa waren in Kleinasien und in Syrien in den Jahrhunderten des byzantinischen Bilderstreites hoch angesehene Kirchenväter !

Spät erst, im Jahr 726 war es in Byzanz zum offenen Streit über gemalte Bilder in Kirchen und besonders über die Abbildung Christi gekommen. Initiator war der aus Syrien stammende Kaiser Leo III., mit dem auch die lange Reihe einer syrischen Kaiserdynastie begründet wurde. Allerorten kam es zu Unruhen, die über hundert Jahre dauerten, obwohl schon 787 das siebte ökumenische Konzil in Nizäa (= Nizäa II) im Sinne des Johannes von Damaskus festgestellt hatte, dass Christen die heiligen Bilder in ihren Kirchen zwar nicht anbeten, wohl aber verehren dürfen.: *Non adoratio sed veneratio*. Der byzantinische Bilderstreit im achten und neunten Jahrhundert hatte für die Ostkirche eine ähnliche, Identität stiftende Bedeutung wie im Westen später der Investiturstreit zwischen Kaiser und Papst im elften und zwölften Jahrhundert. Doch hatte es im Osten niemals eine Kreuzzugstheologie wie im Westen gegeben. Und auch der polemische Begriff „Ikonoklasmus", der eine allgemeine gewalttätige Zerstörung von Bildern in Kirchen unterstellt, so wie wir das im Zeitalter der Reformation aus Deutschland, den Niederlanden und der Schweiz kennen, wird dem historischen Phänomen des sogenannten Ikonoklasmus im Osten nicht gerecht. Exzesse und Verwüstungen vieler Kirchen hatte es in Byzanz nicht gegeben. Darauf hat Hans-Georg Thümmel hingewiesen.[3] Als endlich der „Triumph" der Orthodoxie über die Gegner der Bilder gefeiert wurde, so dass feierlich die Christus- und Heiligenbilder in Konstantinopels „Hagia Sophia" wieder angebracht und der Gemeinde präsentiert wurden, da konnte Patriarch Photios endlich auch den Sieg der Orthodoxie feiern: „Nicht mit Blut und Massaker, sondern mit dem geschriebenen theologischen Argument hatte der Jünger Christi gegen das Böse selbst gekämpft". Cyrill Mango konnte 1958 dieses neue orthodoxe Selbstbewusstsein mit den Worten kommentieren: „The victory over all the heresies was not a military one and was not accompanied by loss of life. It was achieved by the pen, not the sword."[4]

Ausführliche theologische Argumente der Gegner der Bilder sind anscheinend nicht erhalten. Wir kennen nur indirekte Zeugnisse in orthodoxer Polemik, keine Selbstzeugnisse der sogenannten Ikonoklasten. Das ist meines Wissens der Forschungsstand auch noch heute. Waren es überwiegend christliche, ungebildete Laien, die den Bildern in den Kirchen die nötige Reverenz verweigerten? Aber konnten nicht auch alle, die kein Bedürfnis nach Bildern in den Kirchen zeigten, sich

3 H.G. Thümmel, Der byzantinische Bilderstreit. Stand und Perspektiven der Forschung. In: Johannes Irmscher, Der byzantinische Bilderstreit, Leipzig 1980, 9–34 (25). Siehe auch Thümmel; Die Konzilien zur Bilderfrage im 8. Und 9. Jahrhundert, Paderborn 2005.

4 Photios, Homilie 18. Vgl. C. Mango, the Homilies of Photios, Patriarch of Constantinople. English Translation, Introduction and Commentars,Cambridge/Mass. 1958. R. Staats, Photios and the Synodikon of Orthodoxy in opposition to mystical and prophetic heresies. The Patristic and Byzantine Review 2 (1983), 162–173 (170).

auf die Bibel und zumal auf das zweite Gebot des Dekalogs berufen und nach der konstantinischen Wende sogar noch auf berühmte und sehr verschiedene Kirchenväter wie Euseb von Cäsarea oder Epiphanius von Salamis? Jedenfalls gilt heute als sicher, dass zwar judenchristliche, aber keine eigentlich jüdischen Einflüsse oder gar die islamischen Eroberungen seit dem siebten Jahrhundert die bildkritischen Stimmungen im christlichen Orient provoziert hatten. Diese religiöse Abneigung besonders gegenüber äußeren Christus- und Heiligenbildern entsprach alter christlicher Tradition, sie kam von innen, sie war spirituell motiviert; sie kam aus der Mitte der Kirche selbst.

Zur selben Zeit, als im Morgenland gegen ikonoklastischen Eifer gestritten wurde, hatte es auch im Abendland, unterstützt von Theologen aus der Umgebung Kaiser Karls des Großen, eine bilderfeindliche theologische Tendenz gegeben. Dafür bekannt sind die karolingischen „Libri Carolini". Sie sollten unter Kaiser Karl dem Großen eine theologische Antwort auf jene bilderfreundlichen Beschlüsse des VII. ökumenischen Konzils von Nizäa im Jahr 787 sein. Damals waren sogar Vertreter des römischen Papstes in Nizäa nicht nur anwesend, sondern durften sogar auf diesem zweiten nizänischen und zugleich letzten gesamtökumenischen Konzil den Vorsitz führen, wogegen fränkische Theologen in Nizäa weder anwesend noch gar an jenen Konzilsbeschlüssen beteiligt gewesen waren. Mit den „Libri Carolini" wollten offensichtlich von Aachen aus die Berater Kaiser Karls die politisch gleichgewichtige Konkurrenz und sogar Oppsition Karls des Großen gegenüber Konstantinopel hervorheben. Tatsächlich gab es am fränkischen Hof schon vor der Kaiserkrönung Karls zu Weihnachten 800 die Tendenz, eine Übertragung des christlich-konstantinischen Einkaisertums vom Osten in den Westen als eine *translatio imperii* zu befürworten. Vom fränkischen Hof aus wurden damals die Herrscher in Konstantinopel auch nur noch als „Könige", nicht mehr als „Kaiser" wahrgenommen. Ich will mit diesem kurzen Blick vom Westen in den Osten zur Zeit des siebten und letzten gesamtökumenischen Konzils 787 in Nizäa auch nur hervorheben, dass im Abendland der byzantinische Bilderstreit doch als etwas sehr Fremdes wahrgenommen wurde. Denn in der Geschichte der Bekehrung der Angelsachsen, der Franken und der Sachsen und der Nordgermanen zum Christentum hatten zwar kirchliche Gebäude mit Reliquien von Heiligen, der Kirchengesang, die christliche Buchkunst zumal in Evangeliaren, auch Kirchenglocken eine wichtige liturgische und somit auch missionarische Bedeutung. Doch Abbildungen von Jesus Christus und von Heiligen oder gar eine besondere liturgische Sinngebung von Ikonen im Gottesdienst hatten auch noch im Frühmittelalter des Westens keine zentrale missionarische Bedeutung.

Es lohnt sich also, die Schriften des Makarios-Symeon, eines der bekanntesten Mönchstheologen der Ostkirche, wegen ihrer aus westlicher Sicht eigentümlichen Bildtheologie zu untersuchen. Die Forschungslage, wie sie Klaus Fitschen 1998 mit seinem Buch „Messalianismus und Antimessalianismus" darlegte, dürfte auch heute noch repräsentativ sein: Der echte Name des Autors ist umstritten. Das von ihm in wenigstens vier umfangreichen griechischen Textsammlungen der neueren Forschung sich erschlossene literarische Werk ist sowohl unter dem Namen „Makarios“ als auch „Symeon“ überliefert. Der Autorname „Symeon“ findet sich überwiegend in zahlreichen Handschriften syrischer Sprache. Die arabische Makarios-Überlieferung harrt noch einer umfassenden Untersuchung. In der syrischen Überlieferung taucht auch der Name eines „Symeon von Mesopotamien“ auf, was zu der naheliegenden Vermutung führte, dass der Autor mit einem Messalianer „Symeon“ identisch sein könne (Hermann Dörries). Denn es finden sich im Werk dieses Mönchsvaters gar nicht wenige Sätze und theologische Meinungen, welche 431 auf dem dritten ökumenischen Konzil zu Ephesus als „messalianisch“ verurteilt worden waren. Und zu den Verurteilten gehörte auch ein namentlich genannter Mönch „Symeon“! Die „Epistola magna“ des Makarios-Symeon, die Gregor von Nyssa in seinem Taktat „De instituto Christiano“ als eine sprachliche und theologische Vorlage verarbeitet hatte, war nach meiner Interpretation schon sehr messalianisch beeinflusst gewesen, besonders im polemischen Schlusskapitel. Zumindest gehört dieser Große Brief in ein prämessalianisches Milieu.[5]

Der Messalianismus gilt in der Ostkirche vor allem als eine Häresie des „Enthusiasmus“ und der Geistesschwärmerei. Das war der Hauptvorwurf: Für einen Asketen sei es möglich, in inständigem Gebet die göttliche Erfahrung des Heiligen Geistes sogar „in aller Fülle und Wirkmächtigkeit“ zu erfahren und ein himmlisches Glücksgefühl zu erleben. Der dieser (vielleicht auch mit der modernen Pfingstbewegung vergleichbaren) geistlichen Bewegung angehängte Name, sie seien „Messalianer“, kommt aus dem Syrischen und heißt „Beter“, griechisch „Euchiten“. Ein unsoziales und gegenüber der kirchlichen Hierarchie gleichgültiges Verhalten wurde ihnen auf mehreren Synoden, schon um 390 auf einer Synode in Side (Pamphylien) vorgeworfen. Seit dem fünften Jahrhundert, besonders seit dem dritten ökumenischen Konzil von Ephesus 431, wurden fast die meisten Häresien der Ostkirche auch mit diesem alten Vorwurf des „Messalianismus“ kritisiert und auch verurteilt. So sollen die im fünften Jahrhundert verurteilten Lampetianer und die Markianisten, später die Bogomilen, Phundiaditen, Paulikianer und andere auch „Messalianer“ gewesen sein. Sehr bemerkenswert ist auch, dass sich noch im vierzehnten Jahrhundert die schließlich doch als orthodox geltende Lehre der sogenannten „hesychastischen“ Mönchsbewegung auf dem Athos zunächst gegen den Vorwurf des Messalianismus wehren musste. Aber auch nach 1470 wurden sonderbare, sehr fromme einfache Christen im russischen Nowgorod und in Moskau nicht nur als „Judaisierende“ sondern auch als „Messalianer“ oder „Euchiten“ („Beter“) verachtet.[6] .

5 Siehe das letzte Buch von Hermann Dörries: Die Theologie des Makarios/Symeon, Göttingen 1978. – R. Staats, „Messalianer“, in: Theologische Realenzyklopädie 22 (1993), 607–613. Zum heute wohl noch gültigen Forschungsstand siehe: Klaus Fitschen, Messalianismus und Antimessalianiksmus. Ein Beispiel ostkirchlicher Ketzergeschichte (Forschungen zur Kirchen- und dogmengeschichte 71), Göttingen 1998.

6 Staats, Messalianerforschung und Ostkirchenkunde, in: Göttinger Orientforschungen I: Reihe Syriaca, Band 24, 47–50; Fitschen, Messalianismus (siehe vorige Anm.), 269–272, 323–349.

Seit dem neunten Jahrhundert wurde geradezu stereotyp mit der Anklage des „Messalianismus“ auch der Vorwurf der Bilderfeindlichkeit verbunden. Das geschah exemplarisch im „Synodikon“, einem seit ca. 843 fortgeschriebenen Kompendium der Orthodoxie, welches vom Patriarchen Photios sehr gefördert wurde. Photios war damals vielleicht sogar der Initiator von solchem „Triumph over all the heresies“. Als gelehrter Kirchenhistoriker hatte Photios in seinem großen Werk „Bibliotheke“ zahlreiche, sonst unbekannte Quellen zitiert, auch zum Messalianismus und zum Bilderstreit. Photios zitiert auch einen Bischof Heraklidas von Nyssa, der um das Jahr 440 zwei Briefe gegen die Messalianer verfasste (Bibl. 52). Im zweiten Brief gegen die Messalianer habe Heraklides auch „das Alter der verehrungswürdigen Bilder“ erörtert.[7] Das ist womöglich ein Primärzeugnis darüber, dass die Bilderfrage schon sehr früh ein Thema in der Kontroverse mit den Messalianern gewesen sein muss. Auch der Sitz des Bischofs Heraklidas im kappadozischen Nyssa ist merkwürdig. Denn ein halbes Jahrhundert vor Heraklidas hatte ja kein Geringerer als der berühmte Theologe Gregor als erster Bischof von Nyssa seinen Traktat für Mönche „De instituto christiano“ verfasst, womit er den Großen Brief des Makarios-Symeon nach seinem orthodox-kirchlichen Verständnis umgeschrieben und damit auch korrigiert hatte. Weil später der Bischof Heraklidas von Nyssa, vermutlich ein zweiter oder dritter Nachfolger des Gregor von Nyssa, gegenüber Messalianern ein angeblich hohes Alter der Verehrung von christlichen Bildern, also besonders Christus-Bildern, verteidigte, ist davon auszugehen, dass im frühen fünften Jahrhundert im Bistum von Nyssa und überhaupt in Kappadozien die Verehrung von Bildern als gottesdienstlicher Handlung gerade nicht selbstverständlich, sondern umstritten war. Tatsächlich ist im Werk des Makarios-Symeon nicht die geringste Spur einer kultischen Verehrung von gemalten Christusbildern oder Heiligenbildern zu finden.

Wie schon für Makarios-Symeon, so war auch für Gregor von Nyssa der innere Gottesdienst in der Seele des Menschen wichtig. Gregor konnte ja auch in einem, später im Zeitalter der Reformation sehr beachteten Brief die damals schon populär gewordenen Wallfahrten nach Jerusalem als geistlose und unmoralische Veranstaltungen kritisieren, weil sie auch dem Neuen Testament widersprächen (ep.2). Um diesen Brief Gregors zu würdigen, muss man wissen, dass nach der konstantinischen Wende die Wallfahrten ins Heilige Land attraktiv geworden waren, was schon durch die Jerusalem-Reise der sehr frommen Helena, der Mutter Kaiser Konstantins (gestorben 334), und die ausführlichen Berichte der vornehmen, reichen Spanierin Egeria (381-384) bezeugt ist. Das Streben und Ziel der Pigerreise war und ist heute noch das Sehen und Erleben eines Ortes, wo der Heiland und heilige Menschen

7 Siehe dazu meinen Aufsatz „Photios and the Synodikon of Orthodoxy" (siehe oben Anm.4). Fitschen, Messalianismus S. 25 ff. und 50 (mit Anm. 94) urteilt vorsichtig: „Das Interesse an der Bilderfrage ist das Interesse des Photios – Bestandteil der Auseinandersetzung mit den Messalianern ist es nicht“. Doch schon Gavin David Prosser hatte bei den Messalianern ikonoklastische Tendenzen erkannt: A defence of Icons during the Messalian controversy, Studia Patristica 25, Louvain 1993, 444–450.

gelebt und gelitten haben. Gregor selbst hatte, wie er in diesem Brief erwähnt, im Auftrag des kaiserlichen Konzils von Konstantinopel (381) eine Visitationsreise nach Arabien unternommen und hatte diese Gelegenheit genutzt, um auch Jerusalem und Palästina zu besuchen. Doch seine Erfahrungen dort hatten offensichtlich seinen christlichen Glauben nicht gestärkt. Als Asket empfiehlt Gregor „vom eigenen Leib weg zum Herren zu pilgern und nicht von Kappadokien nach Palästina“ und er beschließt seine Mahnung mit Worten aus dem Johannesevangelium: „Wenn der Geist weht, wohin er will, dann werden auch die hier [vor Ort] glauben und aufgrund ihres Glaubens der Gnade teilhaftig werden und nicht aufgrund ihrer Reise nach Jerusalem“.[8] Man könnte einwenden, dass die Tatsache des Fehlens einer direkten Kritik der Bilderverehrung im Gesamtwerk Gregors doch nur ein schwaches *argumentum e silentio* sei. Aber anachronistisch ist das nicht, weil ja schon in der zweiten Generation nach Gregor in der Bischofsstadt Nyssa eine Kritik an Bildern in kirchlichen Räumen laut geworden war, wie dem apologetisch-ikonodulen Titel des Briefes von Bischof Heraklidas „Über das Alter der verehrungswürdigen Bilder“ zu entnehmen ist. Ganz und gar nicht kann man sich einen Makarios-Symeon als einen Verteidiger von Bildern in Kirchen und deren Verehrung vorstellen.

So viel dürfte feststehen: Gregor von Nyssa bewahrte sich eine seelsorgerliche Haltung gegenüber syrischen Asketengruppen, die ihn als christliche Laienbewegung fasziniert haben müssen. Der meist lateinisch zitierte Titel des von Werner Jaeger edierten Traktats „De instituto christiano“ hat ja eigentlich einen griechischen Wortlaut, der schon das Programm für wahre Askese im Text ankündigt: „Über das gottgewollte Ziel und die wahre Askese“. Der alte Bischof Gregor von Nyssa bewahrte sich auch eine große Unabhängigkeit gegenüber neidischen und ihm oberflächlich und ungeistlich erscheinenden bischöflichen Kollegen. Das geht nach meiner Untersuchung sehr klar hervor aus zwei Briefen, die er um 390 schrieb (ep.1 und ep.17).[9] Im ersten Brief beklagt sich Gregor darüber, dass ihn sein Nachbarbischof Helladios von Caesarea bei seinem Besuch in Caesarea übel behandelt habe. Er habe ihm das Recht auf Predigt verweigert und habe ihn zur Buße nötigen wollen und ihn also wie einen Exkommunizierten behandelt. Gregor protestiert dagegen: „Welche kirchlichen Kanones sind gegen uns verlesen worden? Welche gesetzeskräftige Verfügung eines Bischofs hat das Gerichtsurteil über uns bestätigt?“ Gregor erinnert daran, dass er doch gemeinsam mit Helladios im Jahr 381 auf dem großen Konzil in Konstantinopel zu einem Garanten der Orthodoxie, also in dieser unruhigen Zeit zu einer Art Normbischof ernannt worden sei, was tatsächlich im Codex Theodosianus (XVI,1,3) beurkundet ist. Dieser erste Brief ist an den Patriarchen Flavian von Antiochien adressiert. Wie ein Steppenbrand, so schreibt Gregor eingangs, gehe eine Feuersbrunst theologischer Unruhe über Kappadozien dahin, so dass auch die Diözese Flavians in Gefahr ist, davon erfasst zu werden. Hier ist daran zu erinnern, dass Flavian seit einer Synode in Side in Pamphylien, einem heute

8 Vgl. Joh 3,3; 4,24. Siehe den Schluss des Briefes ep. II (ed. Pasquali GNO VIII,2. P. 18–19).

9 Staats, Gregor von Nyssa und das Bischofsamt, ZKG 84 (1973), S. 149–173.

attraktivem Urlaubsort, über die Verurteilung der Messalianer gut informiert war und persönlich auch einen Messalianerführer Adelphios in Antiochien verhört hatte. Aus derselben Zeit stammt nun auch der siebzehnte Brief Gregors an die Presbyter der früheren Kaiserstadt Nikomedien, wo die Wahl eines neuen Bischofs anstand. Dieser Brief zeigt wie in einem Spiegel, welche Eigenschaften ein guter Bischof haben müsse. Er soll hauptsächlich ein Mann mit geistlichen Erfahrungen sein, ein „pneumatikos". Ein durch Ordination vermittelte apostolische Sukzession und eine damit verbundene Amtsgnade wird nicht erwähnt. Erstaunlich ist, dass Gregor beim ersten römischen Bischof Petrus diesen nicht Petrus als „Fels" der Kirche mit Binde- und Lösegewalt bezeichnet (vgl. Mat.16, 16-19), sondern als einfachen „Fischer" und somit als einen normalen Christen vorstellt. Jeder gute Bischof solle sich die Propheten und Apostel in der Bibel zum Vorbild nehmen: „Ein Ziegenhirt war der Prophet Amos, ein Fischer Petrus und vom selben Beruf sein Bruder Andreas und der hohe Johannes. Ein Zeltnäher war Paulus, Matthäus war ein Zöllner ...". Aus abendländischer Sicht ist auch interessant, wie Petrus hier nicht an erster Stelle genannt und hervorgehoben wird, sondern eingereiht ist in einer Reihe mit dem Propheten Amos und anderen Aposteln.

Es gibt weitere Aussagen Gregors von Nyssa, die auf eine starke Präsenz von Asketen aus Syrien in Kleinasien und bis nach Konstantinopel schließen lassen. Gregor suchte diese Asketen vor den Gefahren einer übertriebenen Spiritualität zu bewahren und begegnete ihnen daher auch als Seelsorger mit einer gewissen Sympathie, so schon in seiner frühen asketischen Schrift „De Virginitate", die sich stark am großen Vorbild seines Bruders Basilius orientiert. Sehr deutlich ist Gregors Parteinahme für Asketen aus dem syrisch-mesopotamischen Raum in seiner Rede mit dem irreführenden Titel „In suam ordinationem" („auf seine Wahl"). Gemeint war wohl doch ein Titel wie „In Gregorii ordinationem". Das würde bedeuten, dass diese Rede Gregors von Nyssa gehalten wurde „auf die Wahl" seines Namensvetters Gregor von Nazianz zum Präsidenten auf dem Zweiten ökumenischen Konzil von Konstantinopel 381. Diese Überschrift passt auch zum kirchenpolitischen Kontext der Rede. Gregor lobt darin schließlich auch eine Gruppe frommer und tatsächlich auf dem Konzil in Konstantinopel anwesender Asketen aus Mesopotamien mit folgenden Worten[10]: „Was ist nun schuld daran, dass einst zur Zeit der Jünger durch den Herrn viel Volk der Kirche zugeführt wurde, jetzt aber die langen und prächtigen Predigten der Lehrer am Ohr vorbeirauschen, ohne in die Tat umgesetzt umgesetzt zu werden? Vielleicht wird jemand sagen, dass damals den Aposteln vollbrachte Wunder zu Hilfe kamen und die Predigt durch die Gnadengaben glaubwürdig wurde. Ich erachte ja die Taten unserer Mitknechte für die eigenen, da sie in demselben Geist wandeln und durch die Macht ihrer Heilung an Kranken für die Wahrheit ihrer Predigt Zeugnis ablegen. Es sind Männer, die aus dem Ausland

10 Greg.Nyss., Insuam ordinationem, ed. Gebhardt, GNO XI, 337-338. Vgl. Staats, Das Glaubensbekenntnis von Nizäa-Konstantinopel. Historische und Theologische Grundlagen, 2. Aufl. Darmstadt 1999, S. 94–104.

kommen, Landsleute unseres Vaters Abraham, die von Mesopotamien aufgebrochen sind. Auch sie haben (wie Abraham) ihr Land, ihre Verwandtschaft und die ganze Welt verlassen. Sie blicken himmelwärts. Sie wandern gewissermaßen aus dem menschlichen Leben aus, stehen über den menschlichen Leidenschaften und haben ein Verhältnis zu diesem Leben nur, sofern es notwendig ist; zum größeren Teil aber verkehren sie mit den unkörperlichen Mächten droben. Sie sind Greise dem Aussehen nach, ehrwürdig anzuschauen, mit leuchtend weißen Haaren, den Mund zum Schweigen geschlossen. Sie wissen nicht mit Worten zu fechten; sie haben nicht gelernt zu diskutieren. Sie haben eine solche Macht gegen die [bösen] Geister, dass sie auf bloßen Befehl die eitle Lehrmeinung zunichte machen und die Dämonen nicht durch syllogistische Künste, sondern durch die Macht des Glaubens vertreiben, indem diese in die Lage versetzt werden nicht widersprechen zu können, sondern verbannt werden in die äußerste Finsternis. So weiß der Christ Syllogismen zu machen! Das sind unsere Glaubenstaten! Weshalb überzeugen wir also nicht, wenn die Gnade der Krankenheilung zunimmt, wenn die Lehre aus [solcher] Predigt zunimmt. Alles das wirkt ein und derselbe Geist, der jedem zuteilt, wie er will. Warum wird die Zahl der Geretteten nicht größer? Ja, niemand möge annehmen, dass ich die gegenwärtige Gnade für gering halte. Ich sehe den Weinstock in vollem Wachstum mit reichen Reben und viel Frucht. Ich sehe das Land wogend voller Ähren; weit das Erntefeld, üppig die Garbe, reichlich die Saat".

Schließlich erzählt Gregor ein Gleichnis, um seinen Zuhörern einzuprägen, wie herrlich die Erfahrung des Heiligen Geistes im Leben eines Asketen sein kann[11]: „Wenn jemand über Mittag unterwegs ist und wenn die Sonne mit ihren heißen Strahlen auf seinem Kopf brennt .... Und wenn er eine Quelle findet, die sauber und klar sprudelt, wird der sich dann ans Wasser setzen und über dessen Wesen philosophieren, das ‚Woher' und ‚Wie'und ‚Wodurch' und Ähnliches ergründen, wie es bei Leuten ist, die leere Worte machen? Oder wird er nicht das alles auf sich beruhen lassen, wird sich zum Nassen herabbeugen, seine Lippen ansetzen und seinen Durst stillen, wird den Mund erquicken und sein Verlangen stillen und dem Dank sagen, der ihm diese Gabe geschenkt hat. Tu auch du es dem Dürstenden nach!" Die ganze Rede endet mit der in ein Psalmzitat versteckten Ankündigung der Gesandten aus Ägypten, nachdem die Verhandlungen mit den Pneumatomachen gescheitert und diese aus Konstantinopel abgereist waren[12]: „Öffne deinen Mund und jener, der die Macht hat über die Gnadengaben, wird ihn füllen. Willst du wissen, welche Güter aus der Quelle des Geistes hervorströmen? Unvergänglichkeit der Seele, ewiges Leben, das Himmelreich, unaufhörliche Lust, Freude ohne Ende. Wenn ich nämlich auf das sehe, was hier ist, halte ich den Mangel an dem, was noch fehlte, für gering. Denn mein Haus ist voll von Gütern, voll sind die Schatzkammern vom Golde Arabiens. Es werden vielleicht sogar bald (vgl. Ps 67, 32 f. LXX) *Gesandte aus Ägypten* kommen und werden ihre Hand zu Gott ausstrecken und die Reiche der Erde werden

11 Gebhardt 340, 4–9.
12 Gebhardt 341,1–12.

mit einem Siegeslied singen dem, der alle zu seinem Reiche beruft; dem sei Ehre und Macht in Ewigkeit". – Die Datierung dieser Gregor-Rede und ihre Lokalisierung auf das Konzil von Konstantinopel 381 wurde angeregt von einem, meine frühere Datierung (394) zu Recht krisierenden Aufsatz des verstorbenen Kollegen und Freundes Gerhard May.[13] Meine Interpretation der Rede als wichtigen Kontext in der Geschichte des Messalianismus wurde von Henry Chadwick bestätigt. Denn der Oxforder Dean of Christ-Church schrieb in seinem letzten großen Werk (*The Church in Ancient Society*, 2001) zum Zweiten Ökumenischen Konzil von Konstantinopel 381 auch folgende Sätze: "The Messalians won individual sympathizers in few bishops, despite their tendency to disparage the sacramental and ordered life of the church. Of their sympathizers the most notable was Gregory of Nyssa. A sermon he preached probably at Constantinople at the time of the council of 381 speaks in glowing terms of ascetics coming from the east whose faith and devotion are exemplary".[14]

Ein geistliches Verständnis des Durstes hat Gregor auch in seiner Hohelied-Auslegung etliche Male bezeugt, wobei er sich jedesmal auf den Satz Jesu im Johannesevangelium (7,37) bezog: „Wenn einer dürstet, soll er zu mir kommen und trinken". Gregors „In Canticum" erzählt vom geistlichen Durst im Kontext einer Kritik an „langen und prächtigen Predigten der Lehrer", die nur Intellektuelle sind und deren Worte am Ohr vorbeirauschen. Ähnlich berichtet ja Gregors Konzilsrede von den Asketen aus Mesopotamien, dass sie „nicht mit Worten zu fechten" wissen: „Sie haben nicht gelernt zu diskutieren. Sie haben sich nicht ans Wasser gesetzt und über dessen Wesen philosophiert … wie es bei Leuten üblich ist, die leere Worte machen". Ein sehr ähnliches „geistliches" Verständnis des menschlichen Durstes, aber ohne polemischen Seitenhieb gegen geistlose Zeitgenossen, habe ich bisher nur bei Makarios-Symeon in der zwölften seiner Geistlichen Homilien gefunden. Gregor von Nyssa könnte davon inspiriert gewesen sein: „Gehe hin an das Ufer des Flusses und trink, soviel du nötig hast! Gehe wieder fort und forsche nicht, woher er kommt oder wie er fließt! Kommt das Kindlein an die Mutterbrust, so wird es gesäugt und genährt. Es versteht nicht, nach der Wurzel oder der Quelle zu forschen, woraus sie [die Milch] fließt …" Makarios-Symeon war ein, modern gesagt, romantischer und christlicher Psychologe. Für ihn war der Verstand des Menschen (*nus*) nicht gebunden an kirchliche Räume oder stoffliche Bilder in den Kirchen. Den eigentlichen Sinn Gottes kann man überall finden: „Unter der Erde, über dem Himmel, oder in uns. Er ist überall. So ist auch deine Seele dir nahe. Sie ist in dir und sie ist außer dir …." (H12,12).

In der dreißigsten Homilie erzählt Makarios-Symeon ein schönes Gleichnis, worin Christus mit einem Kunstmaler verglichen wird. In diesem Gleichnis wird deutlich, dass ein von Christus persönlich porträtierter Mensch stillhalten muss, damit

---

13 G.May. Die Datierung der Rede „In suam ordinationem" des Gregor von Nyssa, Vigiliae Christianae 23 (1969), 38–57; vgl. Staats, Glaubensbekenntnis (siehe oben Anm. 10), 328.

14 Chadwick, The Church in Ancient Society, 413.

das Bild schön gelingt. In einem Schluss „*a minore ad maius*" erscheint Christus hier wie ein himmlischer Kunstmaler (H 30,4). Aus dem Gleichnis darf man wohl auch schließen, dass im vierten Jahrhundert in Kleinasien noch nicht Jesus Christus als gemaltes Porträt in Kirchen üblich war. Christus sei nämlich mit einem Künstler zu vergleichen, und der Mensch solle ein Kunstwerk Christi sein. Es soll sich, wie es hier heißt, das Bild Christi der menschlichen Seele als ein „himmlisches Bild" einprägen, sobald sich der Mensch daraufhin ausrichtet. In der dreißigsten Homilie (30,3-4) lesen wir: „Wie der Leib ohne Seele tot (Jak 2,26) und unfähig ist, so ist die Seele, ohne die himmlische Seele, ohne den göttlichen Geist für das Reich tot. Ohne den Geist kann sie nichts Göttliches tun. Der Maler schaut auf das Bild des Königs und malt. Ist das Gesicht des Königs dem Maler zugewendet, so dass der König zu ihm hinsieht, so malt der Maler das Bild leicht und schön nach dem Leben. Wendet der König aber das Gesicht von ihm weg, so kann der Maler nicht malen, weil jener nicht auf den Maler hinschaut. Ebenso malt auch Christus, der gute Maler, in diejenigen, die an ihn glauben und immerdar zu ihm hinschauen, sogleich nach seinem Bilde einen himmlischen Menschen. Aus seinem eigenen Geiste, aus seinem unaussprechlichen Lichtwesen malt er selbst ein himmlisches Bild und gibt der Seele ihren edlen, guten Bräutigam. Hat darum jemand seinen Blick nicht beständig auf ihn gerichtet und sieht über alles hinweg, so wird der Herr sein Bild aus seinem Lichte nicht in ihn malen. Deshalb müssen wir unverwandten Blickes auf ihn sehen, glauben, ihn lieben, alles entfernen und zu ihm uns wenden, auf dass er sein eigenes, himmlisches Bild male und es unseren Seelen einpräge, damit wir so als Träger Christi ewiges Leben erlangen und hiermit in voller Gewissheit Ruhe finden."[15]

Schon in der älteren Makarios-Forschung wurde eine Nähe dieses Gleichnisses vom Kunstmaler in der dreißigsten Homilie des Makarios zur fünfzehnten Homilie Gregors von Nyssa „In Canticum" festgestellt. Nur meinte man, Makarios habe dieses Gleichnis von Gregor „entlehnt".[16] In der älteren Forschung bis zu Werner Jaeger war man ja auch davon überzeugt gewesen, dass Gregor von Nyssa von einem angeblich späteren Makarios noch gar nicht beeinflusst gewesen sein konnte. Doch das Umgekehrte ist der Fall: Makarios-Symeon ist der ältere Prediger, und Gregor von Nyssa scheint von diesem Mönchsvater manche Homilie gut gekannt zu haben, nicht nur dessen Großen Brief. Denn offensichtlich hatte Gregor dieses schöne Gleichnis in leichter theologischer Abwandlung und Verkürzung von Makarios-Symeon entlehnt. „In Canticum 15" (zu Hohelied Salomos 6,3) lesen wir[17]: „Derjenige der erkennt, dass auf der Leinwand (pinax) das Gemälde mit Sorgfalt einem bestimmten Urbild nachgebildet ist, erklärt damit, dass die Gestalt der beiden (Figuren) ein und dieselbe ist, indem er meint, die Schönheit, die sich am

15 Homilie 30,3–4 (Klostermann/Kroeger 242, 40–60).

16 So Joseph Stiglmayer (1911) und ihm folgend Dionys Stiefenhofer in seiner deutschen Übersetzung der „Fünfzig Homilien des Makarius": Bibliothek der Kirchenväter 10 (1913), 257.

17 In Cant.Hom. 15 zu Cant. 6,3 (Langerbeck 439, 11–20).

Abbild zeigt, sei die des Originals und das Urbild (*to archetypon*] sei anschaulich in seiner Nachbildung zu sehen. In eben derselben Weise bringt sie [die Braut] nun mit den Worten: *Ich bin meinem Brudersohne gleich und mein Brudersohn mir* (Cant 6,3a) zum Ausdruck, sie sei Christus gleichgestaltet worden, weil sie die eigene Schönheit wiedererlangte, die ursprüngliche Seligkeit unserer Natur, schön gemacht nach dem Bild und Gleichnis [Gen 1,26] der ersten, einzigen und wahren Schönheit.“ Mithin setzt Gregor von Nyssa mit diesem Gleichnis kein von Menschenhand geschaffenes Christusbild voraus, sondern ihm geht es ebenso wie Makarios-Symeon um die Gleichgestaltung eines Menschen mit Christus als ein Abbild des Urbildes Christus: „Die ursprüngliche Seligkeit unserer Natur“ wieder zu erreichen, soll die Bestimmung unseres menschlichen Lebens sein.[18]

Schließlich ist hervorzuheben, dass zumal die bis in die Neuzeit bei Katholiken und Protestanten sehr beliebte Sammlung der „Fünfzig geistlichen Homilien“ die Vorstellung von gemalten Christus- und Heiligenbildern überhaupt nicht kennt und sogar abzulehnen scheint. Jedoch in einer seit dem achten Jahrhundert anschwellenden bilderfreundlichen Literatur und in Kirchenrechtsquellen gelten solche Christen nicht als „orthodox“, wenn sie lehren, dass das Bild Christi nur in der Seele eines frommen Christen erfahrbar sei. Solch psychologisches Verständnis des Bildes Christi passt jedoch zur Lehre des Makarios-Symeon, weshalb jene berühmte Makarios-Sammlung der „Fünfzig geistlichen Homilien“ (H) durchaus schon aus den Anfängen des Bilderstreites im achten Jahrhundert und nicht erst aus dem elften Jahrhundert, der Zeit eines bedeutenden Mystikers „Symeon der Theologe“, stammen kann. Denn in dieser, in der Ostkirche populär gewordenen Predigtsammlung wird wirklich gelehrt, dass das Bild Christi in der Seele eines jeden wahren Christen und jeder wahren Christin erfahrbar sein kann. Darauf weisen mehrere Stellen hin, welche eine bilderfreundliche („ikonodule“) theologische Lehre gerade nicht kennen. Diese Stellen betreffen drei wichtige Themen im Homilienbuch des Makarios.[19]

1. **Makarios-Symeon berichtet nirgends von Christus-Bildern in Kirchen.** Auch in den „Fünfzig Geistlichen Homilien“ wird nirgends vorausgesetzt, dass es Abbildungen Jesu Christi in Kirchen gibt oder geben soll. Das bezeugt nicht nur jene schon genannte dreißigste der „Fünzig Geistlichen Homilien“ (siehe oben), sondern sogleich die allererste Homilie. Denn das ganze Homilienwerk wird eröffnet mit einer Deutung der großen Vision des Propheten Hesekiel (Ez 1-2). Die erste Homilie wirkt daher auf den Leser wie ein herrliches literarisches Eingangsportal, welches einlädt zum Lesen des ganzen Homilienbuches. Hier

18 Franz Dünzl übersetzt das griechische Wort „pinax“ (Tafel) mit „Holztafel“ und schreibt dazu in einer Fußnote: „Wir würden sagen ‚auf der Leinwand‘, doch ist uns die Verwendung von Holztafeln aus der Ikonenmalerei geläufig“ (Gregor von Nyssa, Homilien zum Hohenlied, Fontes Christiani 16/3, Freiburg 1994, S. 780). Aber damit versteht Dünzl diese Stelle nicht richtig, nämlich anachronistisch.

19 Ich folge hier mit leichten Änderungen der deutschen Übersetzung von Dionys Stiefenhofer in der Reihe „Bibliothek der Kirchenväter“, Band 10 (Kempten 1913).

wird diese, in voller Länge hier nicht zu zitierende Vision als „wahr und gewiss" im Sinne christlicher Lichtfrömmigkeit erklärt: „Der Prophet Hesekiel hatte eine einzigartige, herrliche Escheinungt, die er geschaut. Ein Gesicht volll unaussprechlicher Geheimnisse hat er beschrieben .... Denn die Seele, die gewürdigt wurde, teilzunehmen an dem Geiste des Lichtes selbst, der sie zu seinem Thron und seiner Wohnstätte zubereitet, die durchleuchtet ist von der Schönheit seiner unaussprechlichen Herrlichkeit, wird ganz Licht, ganz Gesicht, ganz Auge; es ist keine Stelle mehr an ihr, die nicht voll geistiger Lichtaugen wäre, das heißt: Nichts ist finster, sie ist vielmehr ganz und gar Licht und Geist geworden, sie ist ganz voll Augen, sie hat darum keine hintere oder vordere Seite mehr, sondern auf allen Seiten ist sie Gesicht, wenn die unausssprechliche Lichtherrlichkeit über sie gekommen und und sie in Besitz genommen hat" (H1,1-2). – In der vierten Homilie lesen wir: „Groß und unaussprechlich sind ja die Verheißungen, die den Christen gegeben sind, so dass alle Herrlichkeit und Schönheit des Himmels und der Erde, die übrige Ausstattung und Mannigfaltigkeit, der Reichtum, die Pracht und der Genuss sichtbarer Dinge nicht zu vergleichen sind mit dem Glauben und Reichtum der einzelnen Seele" (H 4,17). – In der zwölften Homilie lesen wir u.a.: „Suchst du den Herrn in der Tiefe, so findest du ihn dort als Wundertäter. Suchst du ihn in der Grube, so findest du ihn inmitten zweier Löwen als Schützer des gerechten Daniel. Suchst du ihn im Feuer, so findest du ihn dort als Retter seiner Diener. Suchst du ihn auf dem Berge, so findest du ihn dort mit Moses und Elias.[20] Überall ist er: Unter der Erde, über dem Himmel, oder in uns, er ist überall. So ist auch deine Seele dir nahe. Sie ist in dir und sie ist außer dir. Wohin du willst, ob in ferne Länder, nach Sonnenuntergang oder Sonnenaufgang oder in den Himmel, da ist dein Geist, dort findet er sich" (H12,12).

2. **Die Eucharistie ist das wahre Bild Christi**. Bekannt ist der Vorwurf, dass die Gegner von Bildern in Kirchen nur die Eucharistie als Abbild Gottes in Christus anerkannten. Tatsächlich erklärte im Jahr 754 das Konzil sogenannter Ikonoklasten in Hiereia (nahe Chalkedon): „Die Eucharistie ist das wahre Bild Christi" (statt *eikon* auch *eidos* oder *typos*). Denn Christus nimmt an die Gestalt des Brotes, nicht aber eines Menschen.[21] Dieser Meinung entsprechen nun auch einige Stellen in den „Fünfzig geistlichen Homilien", so in der vierten Homilie (H 4,12): „Es macht Gott keine Schwierigkeiten und Mühe, sich für die seiner würdigen gläubigen Seelen zu verwandeln in das, was er will. Nur soll der Mensch sich bemühen, sein Freund und Liebling zu werden, und er wird in unmittelbarer Erfahrung und Wahrnehmung himmlische Güter unaussprechliche Wonne, unbegrenzten Reichtum der Gottheit wahrhaftig schauen – wie es ‚kein Auge gesehen, kein Ohr gehört hat und in keines Menschen Herz gekommen ist' [vgl.1Kor 2,8] – den Geist des Herrn, der den würdigenSeelen zur Ruhe und Wonne, zum

20 Anspielungen auf Dan 6, 17ff.; 3,19 ff.; Mat 17,3.

21 Thümmel (s.o. Anm. 3): Die Konzilien zur Bilderfrage.

Genusse und ewigen Leben wird. Es verwandelt sich der Herr auch in Speise und Trank, wie im Evangelium geschrieben steht: ‚Wer dieses Brot isst, wird leben in Ewigkeit, um die Seele unaussprechlich zu erquicken und mit geistiger Freude zu erfüllen; denn er spricht: Ich bin das Brot des Lebens'" [vgl. Joh 6,35 und 38]. – Brot und Wein werden dargebracht als Gegenbild (*antitypos*) seines Fleisches und Blutes (H 27,17). – In der davor zu lesenden achten Homilie hatte ein kritischer Leser jene berühmte Stelle entdecken können, die sich ähnlich in der Liste des Johannes Damascenus findet, dort aber als ein Argument der Verurteilung der Messalianer (wörtlich: „Beter"): „Einigen erschien das Zeichen des Kreuzes in einem Lichtglanz und drückte sich dem ‚inneren Menschen' ein. Bisweilen geriet ein Mensch im Gebet wie in Ekstase und fand sich in der Kirche vor dem Altar stehend. Er bekam drei wie mit Öl gesäuerte Brote gereicht. Je mehr er davon aß, desto größer und länger wurde er. Ein andermal fand er sich wie mit einem Lichtgewande bekleidet , wie es auf Erden in dieser Welt nicht gibt…" (H18,3).[22]

3. **Das Bild des Lammes ist ein Symbol für Christus**. Auf dem Konzil von Konstantinopel 691-692 („Quinisextum") wird eine allegorische Darstellung Christi im Bilde eines Lammes ausdrücklich verboten. Unter Bezug auf das Johannesevangelium (Joh 1,29) heißt es in Kanon 82 ausdrücklich: „Damit das Vollkommene auch durch die Malerei den Augen aller Menschen vorgelegt wird, bestimmen wir, dass von jetzt ab auch in den Bildern das Kennzeichen des Lammes Gottes, Christus, der die Sünden der Welt trägt, in menschlicher Gestalt an Stelle des alten Lammes dargestellt werden soll. Durch diese Darstellung soll die Größe der Erniedrigung des Gott-Logos erkannt werden".[23] Dieser ikonodulische Befehl, dass Christus fortan nicht als „Lamm", sondern als „Mensch" darzustellen sei, setzt voraus, dass das Bild Christi ausschließlich als „Lamm" im siebten Jahrhundert umstritten, jedenfalls nicht als ausreichend empfunden wurde. Offensichtlich gestatteten die Gegner von konkreten Christusbildern nur die Darstellung von Christus als Lamm im Sinne des Johannesevangeliums (1,29) und im Sinne zahlreicher eschatologischer Lamm-Bilder in der Johannesapokalypse, jedoch nicht Christus in seiner menschlichen Gestalt als „wahrer Mensch". Wirklich ist auch in den „Fünfzig geistlichen Homilien" das Kreuz Christi hauptsächlich ein Hinweis auf den ewigen Christus und nicht auf den irdischen Jesus Christus (siehe H10,1; 11,10; 15,12; 17,1). Zur zentralen Bedeutung des Satzes von Johannes dem Täufer: „Siehe, das Lamm Gottes, welches die Sünden der Welt trägt" (1,29) sei hier nur hingewiesen auf

---

22 Vgl. Fitschen (s.o. Anm. 5), 79.

23 Zum Konzil „Quinisextum" siehe Klaus Wessel, Dogma und Lehre in der Orthodoxen Kirche, in: Carl Andresen, Handbuch der Dogmen- und Theologiegeschichte, Band 1, Göttingen 1982, S. 284–287. Hans-Dieter Döpmann, die Ostkirchen vom Bilderstreit bis zur Kirchenspaltung, Kirchengeschichte in Einzeldarstellungen I/8,Leipzig 1991, S. 39f.

> die zweite und die zwanzigste Homilie (H2,3; H20,6). Besonder wichtig aber ist in dieser Hisicht die siebenundvierzigste Homilie, weil dort das jüdische Passa-Fest und die Schlachtung des Passa-Lammes (nach Ex 12) auf den Kreuzestod Jesu,. mithin christologisch bezogen wird (47,7-11,14-17). Jukka Thurén hat meines Erachtens überzeugend nachgewiesen, dass diese Homilie eine auf Christus hinweisende Typologie ist und einen judenchristlichen Hintergrund hat. Denn ihre Voraussetzung ist die jüdische Passa-Haggadah.[24].

Ich bin mir bewusst, dass ich mit meinen Beobachtungen zu einem möglichen antimessalianischen Hintergrund des byzantinischen Bilderstreites auch in der Messalianismus-Forschung Neuland beschreite. Immerhin stehe ich nicht allein mit der Meinung, dass die Gegner materialer Christus-Bilder schon vor Ausbruch des Bilderstreites im siebten Jahrhundert nicht im Judentum, nicht im Islam und auch nicht im Manichäismus zu suchen sind, sondern im ältesten Christentum. In dessen Tradition befand sich auch ein aus dem syrisch-mesopotamischen Raum stammendes und schon vor 400 n. Chr. als „messalianisch" verurteiltes Mönchtum. Durch Lektüre der Makarios-Homilien hatte diese asketische Bewegung mit ihrer Mystik und Geistfrömmigkeit viele Menschen der byzantinischen Kirche und viel später noch in der Neuzeit sogar römisch-katholische und evangelisch-lutherische Frauen und Männer faszinieren können. Und manchen von uns kann dieses Thema heute noch begeistern.

---

24 Jukka Thurén, Makarios-Symeon als Ausleger der Heiligen Schrift, in: Werner Strothmann (Hg.), Makarios-Symeon über das Böse, Wiesbaden 1983, 72–84.

Jerusalem ist überall
Zur Jerusalem-Lehre des Makarios

Martin Tamcke

Jerusalem, die Stadt, in der der Herrenbruder die Gemeinde leitete, die Stadt, die mit der Passion Jesu verbunden ist und die seine Abkunft aus dem Hause Davids unterstreicht – Jerusalem ist zunächst einmal eine *Stadt.*[1] Die Stadt war nach der Zerstörung des Zweiten Tempels, der nach 538 vor Christus gebaut wurde und der von Titus am Ende des Jüdischen Krieges zerstört wurde, politisch degradiert, nur spirituell blieb sie im Zentrum. Nach dem Bar Kochba Aufstand wurde Juden der Zutritt in die Stadt, nunmehr das Colonia Aelia Capitolina des römischen Kaisers Hadrian, untersagt. Kaiserin Helena und ihr Sohn Konstantin ließen die Grabeskirche an dem Ort erbauen, der traditionell als der Ort der Kreuzauffindung galt. Seit dem Konzil von Chalcedon war Jerusalem dann in die Reihe der Patriarchate erhoben worden. Pilger zogen in die palästinensische Provinz, um auch äußerlich dem näher zu sein, was sie spirituell bewegte.

All das rankt sich um Jerusalem als reale Stadt im antiken Palästina.

Was immer in der Geschichte der Christen zu Jerusalem gedacht und empfunden wurde, es nahm seinen Ausgang bei der realen Stadt in Palästina, der geschichtsträchtigen Metropole der Juden.

So ist es auch bei Makarios.[2] Und Makarios weiß, dass dieser Stadt auch Verheißungen galten, die die Christen doch eigentlich in Christus für erfüllt ansahen. Gott selbst habe im Blick auf Christus die Prophezeiung ausgesprochen, dass er Jerusalem für die Ewigkeit erbauen werde.[3] Für diese Prophezeiung konnte Makarios Psalm 147,2 in Anspruch nehmen. Aber gerade solche Verheißungen führen in eine Verlegenheit: Sie scheinen sich nicht bewahrheitet zu haben. „Wenn wir auf die

---

1 Eckart Otto, Das antike Jerusalem, München 2008; Simon Sebag Montefiore, Jerusalem: The Biography, London 2011; Friedrich Heyer, Kirchengeschichte des Heiligen Landes, Münster 2000

2 Otmar Hesse, Makarius (Symeon von Mesopotamien), in: Theologische Realenzyklopädie 21, 1991, /30-735; Hermann Dörries, Die Theologie des Makarios/Symeon, Göttingen 1978; Werner Strothmann, Die arabische Makariostradition, Göttingen 1934. Last Makarios-Symposium: Martin Tamcke, Mystik – Metapher – Bild, Beiträge des VII. Makarios-Symposiums, Göttingen 2007, Göttingen 2008.

3 Klaus Fittschen, Pseudo-Makarios, Reden und Briefe, Eingeleitet, übersetzt und mit Anmerkungen versehen, Bibliothek der Griechischen Literatur 52, Stuttgart 2000, Logos 24, 5, p. 257 (=Makarios).

sichtbaren Dinge schauen, dann ist nichts davon Wirklichkeit geworden."[4] Er kann das auch noch konkreter sagen im Blick auf diese Verheißungen: „Denn weder herrschte Christus in sichtbarer Weise über Jerusalem, noch baute er es auf".[5]

Die Lösung für dieses Problem liegt in der Verlagerung der Erwartungshaltung von außen nach innen. Nicht die äußeren Reiche der Mächtigen würden von Christus erlöst, vielmehr kam der König, gemeint ist Christus, um Jerusalem und die zerfallene Hütte Davids aufzubauen – hier spielt Makarios auf Amos 9,11 an –, „nämlich wiederum die Seele, die in die bösen Leidenschaften verfallen war."[6] Die eigentliche Befreiungstat Jesu war nicht eine äußere, politische Befreiung, sondern eine Befreiung der menschlichen Seele aus ihrer Ausgeliefertheit an das Böse. Er habe Jerusalem wahrhaftig erlöst, „nämlich die Seele, von ihren Feinden, Unterdrückern und Tyrannen, die in der Bosheit der Finsternis sind."[7] Während der nicht von Christus beherrschte Mensch sich und seinen Irrungen ausgeliefert bleibt, schafft Jesus ein neues Bewusstsein für den von ihm beherrschten Gläubigen. „Jede Seele, die er von der Macht der Finsternis erlöst hat, hat er auch in sein Reich versetzt und er thront in ihr und herrscht so über das wahre Jerusalem, nämlich über die Seele, und über das wahre Israel, nämlich über den Menschen. Die Seele, die er in Ewigkeit von der Sünde befreit hat, beherrscht und bewohnt er auch, und sein Reich wird kein Ende haben (vgl. Lk 1,33)."[8] Makarios spiritualisiert die politischen Heilserwartungen des Alten Testaments. Zugleich enthebt er so den christlichen Glauben der verirrten Suche nach politischer Macht, die die Verheißungen im buchstäblichen Sinn durch Gewalt erfüllen könnte. Stattdessen wird alles ganz anders und neu und gerade nicht in das alte Spiel der Macht und Gewalt zurückgeführt. Christus setzt „sich auf den Thron unserer Seele", er baut unsere Gedanken auf, er erneuert uns, „indem er uns zu einem erneuerten und himmlischen Jerusalem macht und uns aus seinem Geist heraus neu gebiert."[9] So wird Jesu Sendung die der Sammlung. Er führt die Gläubigen „in sein Reich, das für sie bereitet war, in den dortigen Äon, in die Stadt Jerusalem, in die himmlische Kirche, in den Reigen der heiligen Engel."[10] Wenn Makarios mit Psalm 147,2 davon spricht, dass Jesus Israel zu sammeln hatte, so meint Israel weder eine politische Größe noch eine ethnische, weder einen Staat Israel noch das Volk. Er stellt das sofort ganz eindeutig klar. „Er kam, um ganz Israel zu sammeln (vgl. Ps 147,2), also alle Gedanken der reinen Natur der Seele, die in diesem Äon vom Bösen verstreut sind, und ebenso die Heiligen des oberen Jerusalem. Er kam und setzte sich auf den Thron, nämlich den Menschen, und er trat seine Herrschaft über Jerusalem, nämlich über die Seele, für die Ewigkeit an, und

4 Makarios, Logos 24, 5, p. 257.
5 Makarios, Logos 24, 6, p. 257.
6 Makarios, Logos 24, 8, p. 257.
7 Makarios, Logos 24, 11, p. 258.
8 Makarios, Logos 24, 10, p. 258.
9 Makarios, Logos 25, 13, p. 258f.
10 Makarios, Logos 34, 19, p. 323f.

sein Reich wird kein Ende haben (vgl. Lk 1,33).“[11] An der Dauer des Reiches Christi liegt ihm, obwohl doch die Sterblichkeit des Menschen und die Vergänglichkeit seiner Seele dem zu widersprechen scheinen. Anstelle einer sterblichen Mutter haben die Gläubigen „Jerusalem als himmlische Mutter“.[12] Aufgrund von Galater 4, 26 scheut sich Makarios nicht, schlicht dies zum Gegenstand des Bekennens zu machen: „Was sagt der Apostel über das himmlische Jerusalem: ‚Das ist die Mutter von uns allen’ (gal. 4,26), zu der wir uns bekennen.“[13]

Das hört sich nun zumeist so an, als seien die Gläubigen allein durch das Handeln Jesu gerettet und so Bürger des himmlischen Jerusalem geworden, zu dem sie sich lediglich hätten bekennen müssen, aber dem war beileibe nicht so im Verständnis der Lehre des Makarios. Stattdessen bleibt stete Differenz und Unsicherheit.

Das lässt sich gut verdeutlichen, wenn man sich fragt, was denn die Zugehörigkeit zum himmlischen Jerusalem bewirkt. Sie bewirkt nämlich zuerst und vor allem Ruhe. Und die ist Folge eben auch der Bemühung und nicht einfach so da. „Es bedarf also großen Eifers, damit wir in den Hafen der Ruhe gelangen, in die vollkommene Welt, in die ewige Freude, in die heilige Stadt, in das himmlische Jerusalem, in die Kirche der Erstgeborenen.“[14] Eindringlich warnt Makarios davor, sich der himmlischen Ruhe zu sicher zu sein. Zum einen macht er das deutlich an jemand, der „von der göttlichen Kraft gefangengenommen“ wurde und der so „die himmlische Stadt Jerusalem“ sah „und die leuchtenden Bilder dort und ein unendliches Licht“.[15] Dem sagt eine Stimme in Anlehnung an Jesaja 66, 1 und Apostelgeschichte 7, 49: „Das ist der Ort der Ruhe für die Gerechten“.[16] Doch der so in den Himmel entrückte war dieser Erfahrung nicht gewachsen. Er blies sich hinterher auf und bildete sich etwas auf sich ein. Die Folge war fatal: er fand sich dann wieder in den Verstecken und Tiefen der Sünde und stürzte in tausend Übel.[17] Darum gilt: auch wenn einer geistliche Güter erlangt und zur himmlischen Ruhe findet, so steht er doch noch weiterhin im Kampf und in Furcht, das ihm dieses Gut geraubt werden könnte.[18] Das schütze ihn vor Zerstreuung, fördere also seine Konzentration, und es verhindere, dass er nachlässig werde. Dieser Kampf endet erst beim Verlassen dieser Welt. Dann erst werde er in das obere Jerusalem einziehen. Aber schon jetzt hat er davon ein Angeld, was ihm künftig in Jerusalem zu eigen sein wird, wo er dann zur Fülle Christi gelangt sein wird.[19]

Was erwartet uns also zuvörderst im himmlischen oder oberen Jerusalem? Die Ruhe. Bis dahin bleibt alles nur Vorgeschmack auf Zukünftiges, das uns wird,

11 Makarios, Logos 24, 9, p. 257f.
12 Makarios, Logos 54, 4, 5, p. 433.
13 Makarios, Logos 4, 17, 2, p. 95.
14 Makarios, Logos 14, 7, p. 189.
15 Makarios, Logos 16, 3, 6, p. 209.
16 Makarios, Logos 16, 3, 6, p. 209.
17 Makarios, Logos 16, 3, 6, p. 209.
18 Makarios, Logos 30, 6, p. 287.
19 Makarios, Logos 30, 6, p. 287.

indem wir hier darauf zu leben. Zu unserer Ermutigung aber kann Gott sich einem seiner „Geschöpfe zur Freude und zum Jubel für die Seele körperlich" machen.[20] Solch ein Beispiel sei die Lichtstadt Jerusalem. Diese Sicht rechtfertigt Makarios mit Hinweis darauf, dass die Gläubigen nach Hebräer 12,22 bereits zum himmlischen Jerusalem gekommen seien.[21] Aber solche mystischen Momente bleiben unverfügbarer Bestandteil des freien Handelns Gottes. Dem Gläubigen bleibt nur die Hoffnung auf das Ende, wo das himmlische Feuer, das er hier auf der Erde in seinem Leibe mit sich trägt und „jetzt innen im Herzen wohnt", dann von außen die Auferstehung bewirken wird.[22]

Schaut man auf die Jerusalem-Lehre des Kirchenvaters Makarios zurück, so zeigt sie, dass sie um das irdische Jerusalem weiß und in der Rede vom oberen Jerusalem als das untere Jerusalem stets unausgesprochen es als Gegenpol anwesend weiß. Aber gerade darum überträgt er rückhaltlos den spirituellen Gehalt, den Pilger etwa im realen Jerusalem gefunden haben mögen, auf ein Jerusalem, das nicht irgendwo zu finden ist, sondern nirgendwo anders als in der Seele jedes einzelnen Gläubigen. Von der Pilgerfahrt nach Jerusalem mochte man Zeichen mitbringen, die demonstrierten, dass man wirklich am geheiligten Ort war. Die Pilgerschaft des Makarios aber war das Leben eines jeden Gläubigen, war das Ringen um Frieden in der Seele, war die Sehnsucht nach Licht in bedrängender Dunkelheit. Jerusalem, das war nicht die Stadt in Palästina, Jerusalem war der Horizont eigener Existenz, das Ziel des eigenen Lebens, war die eigene Seele. Alles, was einst Jerusalem galt und scheinbar sich an Christus nicht verwirklicht hatte, bekam nun seine Gültigkeit im Blick auf die Seele des Einzelnen und sollte sich verwirklichen in steter Bewährung im hiesigen Leben als einem Abbild des zukünftigen, im Jerusalem der Seele als Abbild des himmlischen Jerusalem.

20 Makarios, Logos 49, 2, 13, p. 391.
21 Makarios, Logos 49, 2, 13, p. 392.
22 Makarios, Logos 53, 1, 2, p. 419.

Makarios bei Evtimij von Tărnovo
Beobachtungen zur mittelbulgarischen Makarios-Tradition

Martin Illert

1. Der Brief Evtimijs an Nikodim

Im Jahr 1385, knapp ein Jahrzehnt vor der Eroberung des Bulgarischen Reiches durch die Osmanen, versendet Patriarch Evtimij von Tărnovo (1375–1393) ein Schreiben an Igumen Nikodim († 1406) aus dem wallachischen Tismana.[1] Nikodim hatte Evtimij in einem (nicht erhaltenen) Brief eine Reihe von Fragen zum Thema der menschlichen Freiheit gestellt. Nachdem der Patriarch und Sprachreformer[2] Evtimij bereits zu vier Fragen Stellung genommen hat, wendet er sich im fünften Abschnitt seines Antwortschreibens der Frage Nikodims zu, wieso die Dämonen, die doch längst durch das Kreuz Christi überwunden seien, den Menschen immer noch Schaden zufügen könnten. Gott selbst, so führt der Patriarch von Bulgarien aus, habe den bereits durch Christus überwundenen Dämonen ihre Macht aus pädagogischen Gründen zugestanden. Denn durch die Versuchung wolle Gott gefährdete Menschen vor Überheblichkeit bewahren. Die „reinen und geheiligten Seelen"[3] derer aber, die sich im Leben bewährt hätten, würden „niemals" mehr „von den Versuchergeistern bekämpft", sondern vielmehr von den Engeln „zur Wohnung Gottes" geleitet. So bezeugten es neben vielen anderen auch die Väter Makarios und Amun[4] („*i svjadjatelь vjarьnь otьtzь Makarije i otьtzь Amounь*").

1 Kałužniacki, E., Werke des Patriarchen von Bulgarien Euthymius (1375–1393), Wien 1901, 205–220. Vgl. dazu: Podskalsky, G., Theologische Literatur des Mittelalters in Bulgarien und Serbien, München 2000, 252–254.

2 Zur Bedeutung Evtimijs als Sprachreformer: Fine (vgl. unten Anm. 6), Balkans, 452, Anm. 14: „Though certain scholars have claimed that Euthymios was the founder or initiator of the movement to standardize language on the basis of Old Slavonic, recent scholarship has shown, that this movement was afoot and reflected in certain texts dating back to the thirteenth century. However, though not its initiator, Euthymios certainly was its leading exponent, pushing the reform and having great impact on its spread and enforcement".

3 Evtimij: Schreiben an Nikomdim (in: Kałužniaki [Hg.], Werke [Anm. 1], 213f).

4 Podskalsky, Literatur (Anm. 1), übersetzt hier irrtümlich „Ammonas" (der Name diese Einsiedlers lautet auf altkirchenslawisch aber „Ammona") statt „Amun" (altkirchenslawisch: „Amoun").

2. Der Kontext des Schreibens

Gerhard Podskalsky hat darauf aufmerksam gemacht, dass Evtimijs Brief an Nikodim ein bedeutendes Zeugnis theologisch-eschatologischer Spekulation im spätmittelalterlichen Osten sei;[5] zugleich ist der zitierte Abschnitt aus dem Brief Evtimijs an Nikodim auch ein indirektes Zeugnis für die Verbreitung einer Makarios-Tradition in der mittelbulgarischen Literatur. Doch soll, bevor wir nach den Quellen dieser Makarios-Tradition fragen, zunächst der Zusammenhang geklärt werden, in dem Makarios hier genannt wird. Worauf also bezieht sich Nikodims Frage nach der Macht des Kreuzes?

Denkbar ist die Annahme, dass Evtimij und Nikodim im Sinne byzantinischer politischer Theologie die *politische* Situation der Balkanländer im späten vierzehnten Jahrhundert, das heißt die Ausbreitung der Osmanen auf dem Balkan im Anschluss an die Schlachten an der Maritza (1371) und auf dem Kosovo (1389), erörtern.[6] Der Kontext des Schreibens enthält allerdings keine weiteren Erwägungen zur militärpolitischen Entwicklung in der Region. Die Expansion der Türken, deren nächstes Ziel im Juli 1393 der Zaren- und Patriarchensitz Tărnovo, die Hauptstadt des zweiten bulgarischen Reiches sein sollte,[7] wird nirgends explizit angesprochen.

Ebenso denkbar, jedoch nicht aus dem Text beweisbar, ist ein Bezug auf die *interreligiöse* Situation, die sich aus diesen politischen Veränderungen ergab.[8] Zwar begannen die Osmanen damals mit der Zwangsaushebung der Janitscharenkorps und die politische Entwicklung hatte somit unmittelbare Konsequenzen für das individuelle Schicksal von Christenjungen aus dem Balkan, die zwangskonvertiert und der Elitetruppe eingegliedert wurden. Doch findet sich auch hier kein innertextlicher Hinweis auf einen solchen Hintergrund des Schreibens, obwohl sich die byzantinischen Autoren mit der islamischen Kritik an der Kreuzverehrung auseinandersetzten.[9]

Betrachten wir das geistige Umfeld Evtimijs, wäre auch ein *antihäretischer* Kontext denkbar[10]: Wie sein Lehrer Theodosius von Tarnovo oder wie der hl. Hila-

5 Vgl. dazu: Podskalsky, Literatur (Anm. 1), 252–254.

6 Vgl. John V. A. Fine, The Medieval Balkans, A Critical Survey from the Late Twelfth Century to the Ottoman Conquest, Ann Arbor 1987, 379–382 (Maritza), 408–414 (Kossovo) und 422–424 (Eroberung Tărnovos). Grundtext für die politische Theologie des Kreuzes ist: Euseb, Vita Constantini, I, 28.

7 Evtimij siedelte nach der osmanischen Eroberung Bulgariens in das südbulgarische Backovo-Kloster über, wo er eine neue Schule begründete, deren Wirkungen über Konstantin Kosteneci und Kiprian Camblak bis nach Serbien bzw. nach Russland reichte (vgl. Fine, Balkan, 443).

8 Vgl. Fine (vgl. Anm. 5), Balkans, 606. Zur islamischen Kritik an der christlichen Kreuzverehrung vgl. Johannes von Damaskus, Adversus Haereses, Kap. 100, S. 5.

9 Vgl. Johannes Damaskenos, Liber de haeresibus, in: B. Kotter (Hg.): Die Schriften des Johannes von Damaskus, PTS 22, Berlin 1981, Kap. 100, S. 64.

10 Vgl. Kosma Prezviter, Gegen die Bogomilen, bulgarischer Text: Petar Dinekov, Kujo Kuev, Donka Petkanova, Hristomatij po starobulgarska literatura, Sofia 1974, S. 201f, englische Übersetzung: in: Janet Hamilton / Bernard Hamilton, Christian Dualist Heresies in the

rion von Măglen (Bischof 1134–1164), dessen „Leben" Evtimij verfasste,[11] könnte sich Evtimij in seinem Schreiben an Nikodim mit Fragen und Einwänden auseinandersetzen, die der Bogomilismus an die Orthodoxie herantrug. Die Frage nach der Kraft des Kreuzes war bekanntlich ein zentraler Kontroverspunkt zwischen der Orthodoxie und der Sekte; auch auf der Synode, die im Jahr 1350 in Tărnovo auf Initiative des Theodosius von Tărnovo zusammentrat, um den Bogomilismus zu verurteilen, spielte die Ablehnung der Kreuzverehrung durch die Bogomilen eine Rolle.[12] Zudem zeigt die zweite Synode von Tărnovo im Jahr 1360, auf der drei vermeintliche „jüdische Häretiker" gemeinsam mit den Bogomilen verurteilt wurden, dass antihäretische Themen wie die Kreuzesverehrung in unterschiedlichen historischen Kontexten „reaktualisiert" werden konnten.[13] Freilich nennt unser Text die Bogomilen genauso wenig wie den Islam mit Namen.

Evtimijs Schreiben soll deshalb hier als ein *Dokument eines innerchristlichen Diskurses zur Spiritualität der Askese* betrachtet werden, der die Fragen des monastischen Lebens zwischen Versuchungserfahrung und Erlösungshoffnung behandelt. So verstanden, sprechen die Korrespondenzpartner über das alte Thema der Spannung des geistlichen Lebens zwischen Anfechtung und Gottesnähe. Dass man sich im asketischen Milieu womöglich im Rahmen dieser zeitlosen Erörterung der Erfahrung der Anfechtung mit der Kritik auseinandersetzte, die Bogomilismus, Judaisierer und Islam am apotropäischen Gebrauch des Kreuzes formuliert hatten, oder dass man die Ausbreitung und das Wachstum dieser Gruppen als Herausforderung der Macht des Kreuzes empfand, ist damit nicht ausgeschlossen.

3. Das Schrifttum des Ps.-Makarios in der mittelbulgarischen Literatur

Wir sahen bereits, dass Evtimj in seinem Schreiben den Väterbeweis führt und die geistlichen Väter Makarios und Amun als Zeugen für seine Auffassung nennt. Evtimij bezeugt damit die Rezeption der Makarios-Tradition im mittelalterlichen bulgarischen Sprachraum.[14] Tatsächlich kann man die Textpassagen im Corpus der beiden geistlichen Schriftsteller, die Evtimij hier anführt, identifizieren: Neben

Byzantine Wordl c. 650–1405, Manchester 1998, S. 118; Synodikon der Orthodoxie, in: Hamilton / Hamilton, Heresies, S. 138; Brief des Germanos von Konstantinopel, in: Hamilton / Hamilton, S. 272; Vita des Gregor Palamas, in: Hamilton / Hamilton, Heresies, S. 278.

11 Vgl. Evtimij, Vita des Hilarion von Maglen, in: Hamilton / Hamilton, Heresies, S. 225–227.

12 Kallist von Konstantinopel, Vita des Theodosius von Tărnovo, in: V. I. Zlatarski, Sbornik za narodni umotvorenija nauka i knizhnina S. 20, 1–44, Sofia 1904, S. 452–455 und 458. Englische Übersetzung in: Hamilton / Hamilton, Heresies, S. 282–285.

13 Fine, Balkans, S. 450, spricht in diesem Zusammenhang von "a certain degree of christian-jewish-syncretism among certain christians" im Anschluss an die Heirat Ivan Alexanders und dessen zweiter Gattin Tamara.

14 Vgl. zur Makarios-Rezeption: Klostermann, R. A., Die slavische Überlieferung der Makariusschriften, Göteborgs Kungl. Vetenskapsoch Vitterhets-Samhälles Handlingar, Sjette Följden, Ser. A, Band 4, No. 1, Göteborg 1950.

einem Abschnitt aus der Historia Lausiaca des Palladios zu Amun[15] bezieht sich Evtimij in seinem Schreiben auf das 22. Stück der Fünfzig Geistlichen Homilien des Pseudo-Makarios bzw. auf dessen – in erweiterten Fassungen vorliegende – Parallelen im Corpus Macarianum[16], wo es – hier in der kürzesten Form – heißt:

> „Wenn die Menschenseele aus dem Leib scheidet, vollzieht sich mit ihr ein großes Geheimnis. Hat sie Sündenschuld auf sich geladen, so kommen Dämonenscharen, unheilkündende Mächte der Finsternis, und halten sie in ihrer Gesellschaft fest [...] Was aber die Guten betrifft, musst du dir die Sache so vorstellen: Den heiligen Gottesdienern stehen jetzt schon Engel zur Seite und heilige Geister umgeben und schützen sie. Scheiden sie dann aus dem Leibe, so nehmen die Engelchöre ihre Seelen auf in ihr Eigentum und hinein in die reine Welt, und so führen sie dieselben zum Herrn."[17]

Die in der neueren Forschung meist verneinte Frage, ob dieses Stück tatsächlich dem Autor der Fünfzig Geistlichen Homilien zuzuschreiben sei oder ob gerade dieses Stück ein Beleg für die Identität des „Makarios" mit Symeon von Mesopotamien sei, wollen wir an dieser Stelle offen lassen.[18] Evtimij, der diese historische Frage noch

---

15 Zwar bieten auch die Schriften des Ammonas einen möglichen Bezugspunkt (vgl. The Letters of Ammonas, transl. by D. Chitty, rev. by S. Brock, Oxford 3rd Ed. 1985, Ep. I,1: „until you depart from hence and He receives each one in a place, where there is no grief nor evil thought nor sickness nor trouble, but joy and gladness and glory and light forever, and paradise and the fruit that withers not, and he receives you into the dwelling places of the angels, and into the church of the firstborn who are written in heaven"), doch spricht Evtimij hier von Amoun (vgl. oben Anm. 4) und nimmt damit Bezug auf das achte Kapitel der Historia Lausiaca, in dem davon berichtet wird, dass Antonius gesehen habe, wie zwei Engel die Seele Amuns zum Himmel geleiteten (vgl. BKV II, Bd. 5, S. 22: "Dieser Amon gelangte zu solcher Vollkommenheit, dass der selige Antonius Engel seine Seele zum Himmel geleiten sah").

16 Vgl. den Überblick über die Varianten der Homilie bei: Werner Strothmann, Schriften des Makarios unter dem Namen des Ephräm, Göttingen 1981, XX.

17 Text: Dörries, H. / Klostermann, E. / Kröger, M. (Hgg.), Die fünfzig geistlichen Homilien des Makarios, PTS 4, Berlin 1964, S. 194. Übersetzung: Stiefenhofer, D. (Hg.), des Heiligen Makarios des Ägypters fünfzig Geistliche Homilien, BKV 16, o.J., S. 194–195.

18 Ausführlich behandelt wurde die altkirchenslawischen Tradition des Stückes in jüngerer Zeit von: J. Reinhard (Die altkirchenslavische Übersetzung der Predigt des Symeon von Mesopotamien "Quod simper mente versare debemus diem exitus de vita" [CPG 4035], in: Wiener slavistische Studien 47, 2001 [2002], S. 159–176). Thomson, F. The Slavonic translation of Symeon Mesopotamites' Sermo, quod semper mente versare debemus diem exitus de vita (CPG 4035) together with some critical comments on Symeon's identity, in: Palaeobulgarica 30, 2006, S. 27–38, hält das Stück in kritischer Abgrenzung von K. Banev (Two eningmatic Manuscripts, Paleobulgarica 29, 2005, S. 72–97) für mittelbyzantinsch, Fitschen. K., Messalianismus und Antimessalianismus. Ein Beispiel ostkirchlicher Kirchengeschichte, FKDG 71, Göttingen 1998, S. 171, schreibt H 22 „Symen Stylita Iunior" zu. A. G. Duneav (Prep. Makarij Egipetskij [Simeon Mesopotamskij]. Duhovnije slova i poslanija. Sobranie I, Athon / Moskau 2014, S. 80ff) stützt seine Identifikation des Makarios mit Symeon von Mesopotamien u.a. auf die in der slawischen Tradition vorgenommene Zuschreibung der Autorschaft von H 22 par. an Symeon von Mesopotamien. Dunaev zieht hierzu die kritische

nicht stellen konnte, sieht es jedenfalls als makarianisch an. Wir wollen vielmehr untersuchen, auf welchen Wegen dieser Reformator der bulgarischen Literatur das Stück, dessen unterschiedliche Überlieferungsstufen wir hier der Einfachheit halber nicht differenzieren werden, sondern, das wir hier stark vereinfachend „H 22" nennen, kennenlernt und seine Zuschreibung an Makarios übernommen haben könnte. Eine eigene Betrachtung des bulgarischen Überlieferungsstranges der Makarios-Tradition ist auch deshalb lohnend, weil die Darstellung der slawischen Makarios-Tradition durch R. A. Klostermann[19] neben wenigen Seitenblicken auf die serbische Tradition beinahe ausschließlich die russische Überlieferung des Schrifttums dieses Vaters zur Kenntnis genommen hat und die mittelbulgarische Überlieferung gar nicht aufführt, die erst von Reinhart, Banev, Thomson und Bernatsky näher untersucht worden ist.

Bereits ein kursorischer Blick auf die handschriftlichen Bestände der Bulgarischen Akademie der Wissenschaften (BAN), der Sofioter Bulgarischen Nationalbibliothek (BNB) und der Österreichischen Nationalbibliothek (ÖNB) zeigt, dass das pseudo-makarianische Stück, auf das Evtimij anspielt, im vierzehnten Jahrhundert bereits ins Mittelbulgarische übersetzt war. Denn nicht allein ist eine russische Version von H 22, auf die bereits Klostermann in seiner Studie zur slawischen Makarios-Überlieferung aufmerksam gemacht hat,[20] bereits für das 12. Jahrhundert nachweisbar, vielmehr verdienen im unmittelbaren Kontext des Evtimij fünf mittelbulgarische Handschriften, die Klostermann noch unbekannt waren, unsere Aufmerksamkeit. Diese Handschriften belegen, dass H 22 und auch weitere Stücke des „corpus macarianum" im hoch- und spätmittelalterlichen Bulgarien übersetzt wurden. Von diesen Handschriften zeigen die ersten drei, dass pseudo-makarianische Einzelstücke in der mittelbulgarischen Tradition überliefert wurden. Die vierte und fünfte Handschrift überliefern auch das hier in Betracht gezogene Stück H 22 in mittelbulgarischer Übersetzung:

a. Eine Papier-Handschrift der Bibliothek der Bulgarischen Akademie der Wissenschaften (Sofia, BAN, Codex 78 [29x22 cm, 433 Foll.]), [21] geschrieben in der Schriftart des sogenannten Halbustav; nach der Sprache zu urteilen ein westbulgarischer Text des XIV. Jh. auf dem Blatt 231v beginnt mit der Überschrift „Un-

---

Edition M. M. Bernadskys heran (M. M. Bernadsky, Rukopisnaya i literaturnaja traditsii Slova o tom, cto vsegda nadlezhit derzhat v ume den ishoda iz zhizni [CPG 4035] Simeona Mesopotamskogo, in: Dunaev [ed.], Prp. Makarij, S. 933ff).

19 Vgl. oben Anm. 10. In Ergänzung zu den von Klostermann angegebenen Makarios-Passagen sind die folgenden Parallelen der griechischen Texte zu der von Klostermann aufgeführten slawischen Übersetzungsliteratur zu nennen: H 22 in S. 25, 33–34 und 39. B 22,1,8 (= W 19) in Kap. 92 auf S. 46, B 63,2,3 (= W 10) in Kap. 94 auf S. 47 und B 12,1,5 (= W 20) in Kap. 95 auf S. 47.

20 Vgl. Klostermann, Überlieferung (Anm. 10), S. 48f (dazu auch: S. 25f und 34).

21 Vgl. Kodov, H., Opis na slavjanskite rukopisi v bibliotekata na bulgarskata akademia na nauktie, Sofija 1969, S. 159–169.

seres seligen Vaters Makarios des Großen sehr nützliche Rede" („*izhe vu svetih prepodobnago otza nashego makarija velikago, slovo zelo polezno*"). Das Stück beginnt mit den Worten „Wer zum Herrn gehen will" („*Hotei pristoupiti ku gospodou*") und entspricht damit dem pseudo-makarianischen „*Asketikon ophelimon*" (B 60 [ed. Berthold II, 192, 2–207], welches auch unter den Stücken des Ephraem Graecus [ed. Strothmann, IV, 53–69]) überliefert wird. Auf dem Blatt 234v schließt sich ein „Logos desselben heiligen Makarios über das vollkommene und wahre Gebet" an, der mit den Worten beginnt „Gut ist Fasten" („*Dobro je post*"). Diese Passage entspricht Pseudo-Makarios, Slg. B, Logos 8,1 und findet sich auch bei Pseudo-Makarios H 50,4 und opusculum VI, 30–31, PG 34, col. 831 (cf. Markos Eremita, PG 65, 1069).

b. Eng verwandt mit der zuvor genannten Handschrift ist eine Papierhandschrift eines Paterikon aus der Bulgarischen Nationalbibliothek (Nr. 1036, 297 Blätter, 28,5x21 cm [Manju Stojanov, Hristo Kodev, Opis na slavjanskite rukopisi v sofijskata narodna biblioteka, Band III, Sofija 1964, 236]), die in Halbustav geschrieben ist und der 2. Hälfte des 14. Jh.s entstammt. Blatt 212v bietet „Unseres seligen Vaters Makarios des Großen sehr nützliche Rede" mit dem Incipit „Wer zum Herrn gehen will" (= B 60, Pseudo-Ephräm IV, opusculum VII, 31–33) sowie „Desselben hl. Makarios Logos über das vollkommene und wahre Gebet" mit dem Incipit „Gut ist Fasten" (= B 8,1; H 50,4; opusculum VI, 30–31).

c. Eine andere Papierhandschrift aus der Sofioter Bibliothek der Bulgarischen Akademie der Wissenschaften (BAN, Codex 80, 394 folia, 20,5x13,5cm),[22] ebenfalls geschrieben in der Schrift des sogenannten „Halbustav" in mittelbulgarischer Sprache, aus der 2. Hälfte XIV. Jh. bietet auf Blatt 239v die Überschrift: „Des Hl. Makarios des Großen" („*Svetago Makarija velikago*") und beginnt mit den Worten „Wenn einer sich von den Seinen zurückzieht" (Incipit: „*ashte kto izideshe ot svoih*"). Dieser Text entspricht Pseudo-Makarios, H 49,1 (Dörries et alii, PTS 4, S. 315ff).

d. Eine weitere Handschrift derselben Bibliothek (Sofia, BAN, Codex 84,[23] Papier, 91 Folia, 22x16cm, Halbustav, bulgaro-russische Redaktion XVI. Jh.) beginnt auf Blatt 76r mit der Überschrift „Logos des Heiligen Vaters Simeon, des mesopotamischen Bischofs, wie man den Tod fürchten soll" („*Slovo svetogo otza Semijona, episkopa mesopotamska kako boiati se smrti*") und beginnt mit den Worten: „Hört, Brüder, wie große Furcht" „*Poslushaite bratie, kako strah*". Dieser Text entspricht dem von Evtimij zitierten Stück Pseudo-Makarios, H 22; Pseudo-Ephraem, ed. Strothmann VII, 111ff.; unter den „*Opuscula*" des Pseudo-Makarios in einer Kiewer Handschrift.[24]

22 Vgl. Kodov, Opis (Anm. 4), S. 174–188.

23 Vgl. Ebd., S. 199.

24 Vgl. Treu, K., Zu einer Kiewer Handschrift der Opuscula des Makarios, TU 77, S. 346–362.

e. Schließlich sei auf eine Pergament-Handschrift der Österreichischen Nationalbibliothek aufmerksam gemacht (Wien, ÖNB, Codex slav. 152[25], 178 Folia, 18,7x13,5 cm), deren Schriftart der sogenannte „Ustav" ist und die aus der ersten Hälfte des 14. Jh. stammt. Blatt 95 enthält einen kleinen Ausschnitt aus der sogenannten „Epistola Magna" des Pseudo-Makarios und die Blätter 112r–114r bieten ein dem „Symeon Mesopotamites" zugeschriebenes Stück, den „Traktat über den ständigen Gedanken an den Tod", der Pseudo-Makarios H 22 sowie den entsprechenden Parallelstücken entspricht.

Dieser Befund ist für die Rekonstruktion der Überlieferung des pseudo-makarianischen Schrifttums auf dem spätmittelalterlichen Balkan von Bedeutung. Während wir nämlich für die Frühzeit der altkirchenslawischen Literatur nur vermuten können, dass es im Anschluss an die Missions- und Übersetzungstätigkeit Kyrills und Methods zu Makarios-Übersetzungen oder doch mindestens zur Rezeption der Makarios-Schriften in der altbulgarischen Literatur (9.–11. Jh.) gekommen ist,[26] da es keine direkten Zeugnisse altbulgarischer Makarios-Übersetzungen gibt, liegt mit den eben genannten Handschriften der direkte Beleg für eine unmittelbare Überlieferung des Pseudo-Makarios in mittelbulgarischer Zeit (12.–14. Jh.) vor. Schauen wir uns den Bestand einmal synoptisch an:

AKS Codices **Großsammlung**

Ps.-Ephräm **opuscula**

BAN 78

fol.231vff= B 60 (= W 25) =IV, 53–59

VII, 31–33

fol. 234rff = B 8, 1 (= H 50, 4)

VI, 30–31

25 Vgl. Birkfellner, G., Glagolitische und kyrillische Handschriften in Österreich, Wien 1975.

26 Vgl. Illert, M., Zum theologiegeschichtlichen Hintergrund des Gleichnisses vom Fürstenpalast im „Hexaemeron" des Joan Exarcha, Ostkirchliche Studien 48, 1999, S. 22–27.

AKS Codices	Ps.-Ephräm	Großsammlung	opuscula
BNB 1036			
	fol. 209vff	= B 60 (= W 25)	
	=IV, 53–59		VII, 31–33
	fol 214vff	= B 8,1	(=H 50,4)
		VI, 30–31	
BAN 80			
	fol. 239vff	= H 49, 1	
BAN 84			
	fol. 76rff	= H 22 (= C 17)	
	=VII, 111f		Kiew fol. 257vf
ÖNB 152			
	fol. 95ff	= B 1, 1(= W 1)	
	II,1; Kiew fol. 179		
	fol. 122rff	= H 22	(= C 17)
		=VII, 111f	
	Kiew fol. 257vf		

Drei Beobachtungen sollen hier hervorgehoben werden. Erstens: Makarianische Einzelstücke werden in mittelbulgarischen Paterika[27] überliefert. Zweitens: Sämtliche Stücke sind bereits in der griechischen Tradition nachweisbar. Drittens: In drei Fällen (BAN 78, BNB 1036, ÖNB 152) begegnen Kombinationen von Stücken, die auch in griechischen Kleinsammlungen zusammengeordnet sind. Auf Grund dieser drei Beobachtungen liegen zwei Schlussfolgerungen nahe. Erstens: Wahrscheinlich wurden die ps.-makarianischen Stücke nicht von den Übersetzern ausgewählt, sondern man folgte der Auswahl der vorliegenden byzantinischen Paterika, ähnlich wie dies bei der Griechischen Handschriften des Marcianus Graecus LII und dem mittelbulgarischen Pseudo-Ephraem Codex 151 der Sofioter Nationalbibliothek[28] der Fall ist, wo die Sammlungen von den slawischen Übersetzern bei nur geringen Varianten der Auswahl und Abfolge der Stücke aus der griechischen Vorlage übertragen wurden. Zweitens: Das Stück, auf welches Evtimj anspielt, dürfte für ihn höchstwahrscheinlich in slawischer Fassung erreichbar gewesen sein.

4. Evtimijs Quellen

Allerdings macht eine weitere Überlegung wahrscheinlich, dass sich Evtimijs Kenntnis der Makarios-Tradition jedenfalls nicht ausschließlich auf die slawische Tradition gestützt haben dürfte. Erinnern wir uns daran, dass Evtimij im eingangs zitierten Abschnitt das Zeugnis zum Engelgeleit der Seelen „dem wahrhaftigen Vater Makarios“ (*vjarьnь otьtzь Makarije*) zuschreibt. Aus den mittelalterlichen slawischen Handschriften, die wir eben vorstellten, kann der Patriarch von Tărnovo diese Zuschreibung indes nicht übernommen haben, denn dort wird das Stück, wie wir eben sahen, einhellig einem geistlichen Vater „Symeon, dem Bischof von Mesopotamien“ (*„Slovo svetogo otza Semijona, episkopa mesopotamska“*) zugewiesen, zu dessen Identität u.a. Fitschen und Thomson unterschiedliche Überlegungen angestellt haben.[29]

Da also die slawische Tradition keine Zuschreibung an Makarios vornimmt, legt sich die Annahme nahe, dass Evtimij jedenfalls die Zuschreibung seiner Aussage über das Schicksal der gläubigen Seelen nach dem Tod an Makarios nicht der slawischen Übersetzung von H 22 entnommen haben kann, weil das Stück dort dem Symeon zugeschrieben wird. Trotz der teilweisen Zuschreibung des Stückes durch die griechische Tradition an Ephräm, geht die Mehrzahl der Zeugen, nämlich sowohl die handschriftliche Tradition der Fünfzig Geistlichen Homilien als auch die Kiewer Opuscula-Handschrift, von Makarios als dem Autor des Stückes aus.[30] Ohne uns

27 Zu den Paterika in der mittelalterlichen bulgarischen Literatur vgl. Gjurova, S., Art. „Paterik“ in: Petkanova, D. (Hg.), Starobulgarska literatura, Veliko Tărnovo 2003, S. 355f.

28 Vgl. Kirchmeyer, J, Éphrem (Versions). Versions slaves, S. 821.

29 Vgl. Anm. 6.

30 Vgl. Anm. 11.

weiter mit der Frage zu beschäftigen, welche der Zuschreibungen historisch korrekt ist, können wir doch feststellen, dass Evtimij die genannte Passage, die ihm durchaus in slawischer Übersetzung begegnet sein könnte, unter Bezugnahme auf die griechische und nicht auf die slawische Tradition als makarianisch bezeichnet haben dürfte.

Werfen wir einen Blick auf die Biographie des Evtimij,[31] so entsteht vor unseren Augen das Bild eines zweisprachigen spätmittelalterlichen Intellektuellen im byzantinischen Kulturkreis: Evtimij war nicht darauf angewiesen, dass griechische Codices mit Werken des Makarios in den slawischen Sprachbereich gelangten,[32] denn entscheidende Jahre seiner theologischen Bildung verbrachte der zukünftige Patriarch von Tărnovo „vor Ort“ im byzantinischen Reich. Sowohl bei seinem Aufenthalt im Mammas-Kloster in Konstantinopel als auch bei seinem anschließenden Aufenthalt im Studios-Kloster ebendort und schließlich auch während seiner Jahre im Zographu-Kloster auf dem Athos wird es dem in beiden Sprachen versierten und mit vielfachen Übersetzungsfragen befassten Evtimij möglich gewesen sein, mit der griechischen Makarios-Überlieferung Bekanntschaft zu machen. Mit Symeon dem Neuen Theologen hatte bereits in mittelbyzantinischer Zeit ein Igumen des Mammas-Klosters das Makarios-Schrifttum rezipiert.[33] Und auch die dem Palamismus aufgeschlossenen Kreise, innerhalb derer sich Evtimij in Konstantinopel und auf dem Athos bewegte, dürften an dem geistlichen Vater Makarios, als einem Kronzeugen für ihre Theologie der Gottesschau, interessiert gewesen sein.[34] Bei ihnen konnte Evtimij den Makarios als einen maßgeblichen Repräsentanten der orthodoxen Spiritualität kennenlernen, den man als maßgebliche Autorität zu den geistlichen Fragen ins Feld führen konnte, die am Ende des 14. Jahrhunderts in den Balkanländern aufgeworfen wurden.

31 Vgl. Podskalsky, Literatur (Anm. 1), S. 252ff.

32 Neben dem bereits von Klostermann, Überlieferung (Anm..2), 32, genannten Codex Mosquensis 177, der spätestens im 17. Jh. nach Russland gelangte (vgl. Dörries, H. et alii (Hg.), die fünfzig Geistlichen Homilien des Makarios PTS 4, Berlin 1964, XV: „In russischer Kursive steht am unteren Rande der ersten und letzten Blätter: aus der synodalen [fol. 1r] Bibliothek [2r] und unterschrieben [3r] auf Befehl [4r] des Synodalen Hauses [350r] durch den Oberdiakon Gideon [351r]“), ist hier auch der Klostermann noch nicht bekannte Codex Athous Panteleimon 129 („R“) aus dem XIV Jh. zu nennen, der u.a. Poststempel aus Petersburg (13.10.1895) und Odessa (18.10.1985) trägt (vgl. dazu: Klostermann, E. / Berthold, H. (Hg.), Neue Homilien des Makarios/Symeon, Berlin 1961, XIV, Anm. 1).

33 Vgl. die 34. Katechese Symeons des neuen Theologen in: Krivochéline, B. (Hg.), Syméon le Nouveau Théologien, SC 96, Paris 1963, S. 39.

34 Zum makarianischen Schrifttum im Hesychastenstreit vgl. Fitschen, Messalianismus (Anm. 16), S. 332ff.

5. Ergebnisse

Fassen wir zusammen: Zur Zeit des Evtimij von Tărnovo existierten mittelbulgarische Übersetzungen einzelner pseudo-makarianischer Stücke. Diese wurden in den Paterika überliefert. Eine Übertragung der Großsammlungen für den genannten Zeitraum ist dagegen nicht nachweisbar. Das Beispiel des Evtimij zeigt jedoch auch, dass es spätmittelalterliche Persönlichkeiten im Bereich der slawischen Kirchen gab, die aufgrund ihres Bildungsganges auch über eine Kenntnis der griechischen Überlieferung des Makarios verfügten. Der Rückgriff auf das griechische Schrifttum im innerslawischen theologischen Diskurs des vierzehnten Jahrhunderts muss so selbstverständlich gewesen sein, dass es für Autoren wie Evtimij keiner besonderen Anmerkung bedurfte, um diesen Bezug zu verdeutlichen. Diese Beobachtungen zur spätbyzantinischen Makarios-Tradition unterstreichen die in der nationalen Geschichtsschreibung der slawischen Völker nicht immer in ausreichendem Maße gewürdigte, hohe Bedeutung der Völker und Sprachen übergreifenden byzantinischen Kultur im „Byzantine Commonwealth“[35] des vierzehnten Jahrhunderts.

---

35 Zum Begriff vgl. D. Obolensky, The Byzantine Commonwealth. Eastern Europa 500–1453, Crestwood 1971.

Pseudo-Macarius in the Syriac Tradition
Some Topics in his Reception by Joseph Ḥazzāyā

Pablo Argárate

While Pseudo-Macarius' Byzantine[1], Slavic, and even Western *Rezeptionsgeschichte* has been studied into some detail, this still cannot be affirmed for the Syriac tradition. In order to throw some light into this, the present study, after setting the eight-century Syriac mystic Joseph Ḥazzāyā in his context, explores some images, chiefly the one of fire, and their relations to the Macarian tradition.

Joseph Ḥazzāyā, with his contemporary John of Dalyatha, the main representative of the Syro-Oriental theology and spirituality of the eighth century. However, the writings of both authors, along with the influential John of Apamea, were eventually condemned in the Synod of 786–787 under the Patriarch Timothy I,[2] accused of allegedly sustaining some "Messalian" propositions.[3] Most of the information on Joseph's life proceeds from the "Book of Chastity" of Isho'denah of Basrah.[4] According to this, Joseph would have lived between 710 and 792. A Persian, he was sold as slave at the age of seven. Later baptized, he became a monk and alternated periods of solitude and others as abbot of two monasteries.

He wrote prolifically under the name of his brother 'Abdisho'. However, due to his condemnation, many of his writings disappeared, what makes our task highly difficult. In the 14th century Abdisho of Nisibis mentions 1900 treatises.

The extant corpus[5] is composed of a treatise on the Contemplation and its different forms, the *Book of Questions and Answers*, three *Letters*: one on the Love of

1 Cf. for instance M. Plested, Marcus. The Macarian Legacy: The Place of Macarius-Symeon in the Eastern Christian Tradition, Oxford Theological Monographs. New York: Oxford University Press, 2005.

2 In a second synod in 804, the condemnations are reaffirmed.

3 The main theses, according to our information, are the following: 1. It is possible to attain the vision of God. 2. In order to receive the Spirit, one has to reject prayer and the divine office. 3. The perfect one needs neither active prayer nor the divine office, readings or manual work. See R. Beulay, "Joseph Ḥazzāyā", Dictionnaire de Spiritualité 8 (1974), cc. 1347–1348.

4 J.B. Chabot, *Le livre de la chasteté compose par Jésusdenah, évêque de Bairah* (Rome, 1896), pp. 54–55. See also A. Sherry, "Joseph Ḥazzāyā, écrivain syriaque du VIIIe siècle", *Rivista degli Studi Orientali* 3 (1910), pp. 45–63 and Robert Beulay, *L'enseignement spirituel de Jean de Dalyatha* (Paris, 1990), pp. 36–37 and 288–290 deal particularly with Joseph Ḥazzāyā.

5 For a detailed list of his works, see Sherry, "The Life and Work of Joseph Hazzaya", in *The Seed of Wisdom. Essays* in *Honour of T.J. Meek. Edited by W.S. McCullough* (Toronto, 1964), pp. 89–91. See also Robert Beulay, "Des centuries de Joseph Ḥazzāyā retrouvées?", PO 3

God and the Neighbour and two more on the Operations of Grace among the Ascetics. *On the Operation of the Movements that Appear in the Spirit During Prayer*; *On Spiritual Prayer*; *On the Amazing Contemplation of the Seven Eyes of the Lord*; one part of the *Book of Centuries*, inserted among the Centuries of John of Dalyatha.

Last but not least we have to mention the highly-relevant "Letter on the Three Stages of Monastic Life". This letter, attributed for centuries to Philoxenos of Mabboug, restituted to Ḥazzāyā, chiefly by the study of P. Bass[6], was translated into English[7], and received a critical edition along with a French translation[8].

In Joseph Ḥazzāyā's work we may observe a well-grounded synthesis of Syrian (as well as Greek to some extent) spiritual theology,[9] based on the tripartite division of spiritual life into the corporal, psychic, and spiritual stages. In the last one (*ruhanuta*), under the guidance of the fire of the Holy Spirit, symbolized by fire, the monk attains at the end the contemplation of the Holy Trinity (*theorya datlitayuta qaddishta*) and of the glorious humanity of Christ; light without form, which is however no direct vision of God but only through the visible humanity of Christ.

His sources are John of Apamea, Gregory of Nyssa, Pseudo-Dionysius, Theodore of Mopsuestia.[10] However, special influence is to be attributed to Evagrius and to Pseudo-Macarius, who are the "fathers" of Nestorian mystical spirituality, as Beulay puts it.

> "Évagre et le Pseudo-Macaire sont les deux pères de la spiritualité mystique nestorienne. Du premier ils ont reçu avant tout une théologie de la contemplation ; du second ils ont appris à être attentif à l'expérience brûlante de Dieu dans le cœur. Mais cet héritage, la plupart d'entre eux vont le repenser,

---

(1972), pp. 5–44.

6 P. Bass, "Faut-il restituer à Joseph Ḥazzāyā La lettre sur les trois degrés de la vie monastique' attribuée à Philoxene de Mabbug?", *Melto 412* (1968), pp. 13–36.

7 Translated by G. Olinder, "A letter of Philoxenus of Mabbug sent to a Friend", in *Acta Universitatis Gotoburgensis,* 1950.

8 Joseph Ḥazzāyā, Lettre sur les trois étapes de la vie monastique. Edition critique du texte syriaque, traduction et introduction par Paul Harb et François Graffin (Patrologia Orientalis 45/2). Turnhout, Belgium, 1992. See also A. Mingana, *Early Christian Mystics.* WS 7 (Cambridge, 1934), pp. 145–184.

9 See Rabban Jausep Ḥazzāyā, *Briefe über das geistliche Leben und verwandte Schriften: ostsyrische Mystik des 8. Jahrhunderts.* Introduction and translation by Gabriel Bunge (Trier, 1982), p. 35: "Indessen sind diese drei Stufen Jausep nicht allein eigen, er steht hier, wie in so vielem, auf den Schultern 'unseren geistlichen Vater', wie er selbst gerne und oft sagt. Ist die letzte Quelle natürlich die Schrift, Paulus, so sind die direkten Vorgänger, die ,Väter' also, Johannes von Apameia und Isaak von Ninive vor allem. Aus den Elementen der Tradition hat Jausep eine durchaus selbständige und ihm eigene Synthese geschaffen, indem er systematisierte, was er bei seinen Vorgängern oft nur als disparates Detail vorfand".

10 On this sources see R. *Beulay. La lumière sans forme : introduction a l'étude de la mystique chrétienne syro-orientale* (Chevetogne, [1986]).

> et souvent l'exposer, en fonction d'un cadre transmis par un autre auteur dont l'influence sur eux fut, elle aussi, importante : Jean le Solitaire"[11].

Joseph Ḥazzāyā, in his turn, is deemed to be the théoricien par excellence de la mystique nestorienne[12] and the one who brought it into a synthesis. In this sense, Bunge writes: "Aus den Elementen der Tradition hat Jausep eine durchaus selbständige und ihm eigene Synthese geschaffen, indem er systematisierte, was er bei seinen Vorgängern oft nur als disparates Detail vorfand"[13].

Focus of the present study is the impact of Macarian writings upon Joseph Ḥazzāyā[14]. This is as strong as Evagrius', however not through technical notions and terms but especially through some topics and above all through a certain Macarian "spirit".

An important issue that we cannot avoid is the question on the Syriac version of the Macarian writings. While Baumstark believed that the only contact point between the Greek and the Syriac versions was the *Dialogue with the Angels* and later also *Memra* 1, this has been later relativized. There is evidence of a small quantity of common writings but always the same [Macarius of Egypt: 3 homilies and 8 letters; Macarius of Alexandria: 3 homilies and 7 letters]. Some scholars have suggested that the Syriac tradition might have known only an anthology of Macarian texts. In this sense, many Syriac texts are Greek texts reorganized not only in details and form but also in some substantial aspects, often, for instance, they emphasize the ascetic dimension of monastic life. It is also possible that Syriac authors knew a more extensive version that the one extant today.

In following, I will discuss some themes where there is evidence of Macarian influence upon the writings of Joseph Ḥazzāyā. Here I follow Beulay's presentation in this regard, which organizes this theme around two poles, introduced by two presentations of Pseudo-Macarius' theology: the *mystique du coeur* (Meyendorff) and the *école du sentiment ou du surnaturel conscient* (Hausherr).

---

11 Beulay, 94.

12 R. Beulay, "Joseph Ḥazzāyā", *Dictionnaire de Spiritualité* 8 (1974), c. 1348.

13 Bunge, 35.

14 See R. Beulay, *La lumière sans forme : introduction a l'étude de la mystique chrétienne syro-orientale* (Chevetogne, [1986]). Highly relevant for this paper is especially the influence of Ps.-Macarius. Also here see the chapter "L'influence des écrits macariens" in R. BEULAY, *La lumière,* pp. 35–94, as well as Beulay's article "Joseph Hazzaya", *Dictionnaire de Spiritualité* 8 (1974), c. 1348. See also A. Guillaumont, "Sources de la doctrine de Joseph Hazzaya", *L 'Orient syrien* 3 (1958), pp. 3–24, and Vincent Desprez, *Le monachisme primitif : des origines jusqu'au concile d 'Ephèse* (Begrolles-en-Mauges, 1998). On his monastic theology see.M. Nin, "La 'Lettera sulle tre tappe della Vita Monastica di Giuseppe Hazzaya. Il percorso spirituale del monaco nella tradizione monastica siro orientale", in *Il Monachesimo tra eredità e aperture: atti del simposio "Testi e temi nella tradizione del monachesimo cristiano"*. Edited by M. Bielawski and M. Hombergen (Roma, 2004), pp. 307–321. A very good overview is offered in Th. OLICKAL. *The Three Stages of Spiritual Realization according to Joseph Hazzaya* (Changanassery, India, 2000).

First of all, we must acknowledge the centrality of the biblical notion of *heart* in the Macarian tradition. Clearly the heart appears as the place of encounter of the soul with God; Joseph insists on the necessity of guarding the heart and stresses in the meantime that the purification of the heart is carried out by the fire of the Spirit. In regard to the relevance of the heart, four points can be made.

1. *Relationship between heart and intellect* (the Syriac terminology is *hawna* for *nous*; *re'yana* is thought, and *mad'a* is intelligence), Ḥazzāyā as Pseudo-Macarius places the intellect in the heart. However, only through the fire of the Spirit the intellect can enter in the deepest part of the heart. Ḥazzāyā speaks also of the eyes of the *mad'a*, while Pseudo-Macarius used the expression: "ears of the heart".

The *hawna* discovers infinite perspectives as it enters in the heart since the place of the heart has no limit. In addition to this, while Pseudo-Macarius states that within the *hawna* shines the Star of the spiritual morning, Joseph speaks of the Star that reveals itself in the earth of the heart of humbles.

2. It is known that Pseudo-Macarius insists on the necessity of *continuous prayer*. Ḥazzāyā, the most influenced by Evagrius of all Nestorian mystics, regards this prayer, nevertheless, as a preparation for passing to a superior spiritual degree. Prayer is here considered from its active aspect.

3. For Joseph, *humility* is the second sign of thee operating presence of the Holy Spirit. Humility does not allow us to see any evil in fellow human beings. On the contrary, we regard them in the image, in which they were created. Humility brings with itself the grace of not seeing the faults of other. In this sense, there is neither righteous nor sinners. This link between humility and love is clearly a Macarian influence. Love is presented by Pseudo-Macarius and Ḥazzāyā through the symbol of fire of the Holy Spirit, which purifies the heart of all vision of evil and makes drop tears for all human beings. Emphasis on the habitation of man inside his heart is found in the Greek Pseudo-Macarius as well as in Joseph.

4. Finally, the *distinction between love* (*hubba*) *and dilection* (*rehmta*), so clear in John of Dalyatha is less clear in Joseph Ḥazzāyā. For him as for Pseudo-Macarius there is a link between dilection and perfect love.

A second focus of Pseudo-Macarius clearly emphasizes the necessity to "taste" God's sweetness and love. This has been presented as a "***sensibilité spirituelle***".

1. In accordance to the Syriac (not only Macarian) tradition, Joseph identifies the *divine Fire* with the Holy Spirit. I will refer later to a very important passage of the *Capita*, a "hymn of fire". Curiously, Beulay attributes it to John of Dalyatha.

In any case, there it is the Fire of the Spirit, which gives birth to all saints to the light of the future world. This Fire, with which Adam was clothed and that will eventually raise our bodies, worked miracles through the apostles and purifies. In this important passages, although there are no direct quotations from Pseudo-Macarius, Joseph shows the same structure: a) operation of fire in the soul b) operation of fire in prophets and apostles c) exhortation.

2. The abundance of *light* images is one of the characteristics of Pseudo-Macarius. Joseph combines however Macarian experience of spiritual life with the Evagrian concept of "light without form" (*nuhra dla dmu*). In an eschatological perspective, Ḥazzāyā affirms that the nature of the saints in the future world will be light. They will be clothed with it and they will be, in the meantime, hidden by this light. They will be pure vision and audition.

3. Experience of the operation of the Holy Spirit. Also in Joseph we find the relevance of continuous remembrance of God. In addition to this, the consciousness of the Spirit's operation, present in all Nestorian mystics, receives a particular place in the writings of Ḥazzāyā.

4. Perception of the operation of the Holy Spirit is necessary to Christian perfection. In addition to this, and without entering here into the much debated relationship between the Macarian writings and Messalianism, it has to be stated that Ḥazzāyā (along with John of Apamea, and John of Dalyatha) was accused at the already mentioned synod of 786–787 of "messalianism" under the following five accusations: 1) stating the possibility of seeing God 2) rejecting prayer and office in order to receive the Spirit 3) claiming the possibility of attaining perfection in this life 4) sustaining that the perfect one does not need to work manually 5) affirming that body and soul are consecrated by continuous prayer.

Within this large framework of Macarian influence traced in the writings of Joseph Ḥazzāyā, I will explore the special topic of **fire**.

Fire is one of the most fascinating and terrible realities on earth. In the most divergent cultures it evokes mysterious realities beyond ordinary experience. Revered and feared at the same time, fire is a difficult to surpass symbol of the mystery. Destruction, purification, and radical transformation are all suggested by this element that appears so otherworldly. This proves especially true in the realm of religions, particularly in Zoroastrism, a religion dominant in Joseph's geography.

The symbolic character of Syriac Christianity is well known.[15] From the outset, fire will take a central place among those symbols and rites. Ephrem and Pseudo-Macarius, just to mention two representatives, constantly bring up fire as a powerful symbol of the divine operation. In the same line, liturgy, with particular emphasis on the cycle of the Nativity and Baptism of the Lord, will refer to the enigmatic presence of fire as well.

Fire *(nūrā)*[16] will display a broad spectrum in its semantic domain in Joseph Ḥazzāyā, from demonic to divine powers passing through passions, temptation, angels and grace. First of all, it may be surprising to discover that fire is regarded as an operation of the demons and demonic powers with terrible effects on human beings. After a series of quotations from the Psalms referring to the spiritual struggle and laying emphasis on the enemy, Joseph introduces a quotation from Evagrios'

15 See S. BROCK, *The Syriac Fathers on Prayer and Spiritual Life* (Kalamazoo, Mi, 1987).

16 Fire *(nūrā)* is in deep connection with light *(nuhrā)*.

Antirrhetikos:[17] "Its eyes cast lightning as of fire and it appears under forms similar to snakes flying in the air". The enemy is now portrayed as a demon and further explained by an account of a monk who affirms to have found a dragon in his cell, from which mouth "sort of flames of fire came out and its eyes sparkled sort of lamps of fire". Fire[18] is thus a dynamic otherworldly reality that threatens the deepest realm of human beings. The reference to the snakes flying in the air clearly highlights the connection between fire and evil powers. As expected, the effects of these are devastating in the above referred account: the heart of this monk almost broke and he was paralysed. Terror takes control of him.[19]

Similarly, in the Letter on the Workings of the Grace, Joseph refers to some "varieties of representations that emanate from the demons". The majority of these refer to fire; the demons represent a material fire, a throne, a chariot, horses of fire, the figure of a sphere or of a star, a representation formed of both light and darkness, another where the brightness of light predominates. The list is closed by the following remark: "Finally there is the representation of fire, which is that of the demon of pride".[20] Joseph deliberately designates all these as "representations", or even "phantasms" and "false insinuations". In light of this, they are not realities, but rather fictions produced by the demons in order to instil fear in the monks. In this perspective, fire appears as something terrible without real existence outside the mind.

In the monastic literature, especially in the systematization of Evagrius, which had a durable influence on Syriac spirituality, vices or passions are presented as demons as well. Evagrius' systematic treatment of these passions in his *Praktikos* among other writings is well-known. Being passions attributed to or even identified with demons,[21] we could expect that fire appears also in relation to passions, and this is precisely what happens. Fire symbolizes passions[22] and in this regard, Joseph can speak of the "fire of passions",[23] that produces ardour in the soul.[24] Nevertheless, beyond this general characterization, there are three particular passions linked to the domain of fire. Taking an introductory place in Evagrius' systematization we find fornication and wrath. While the fire of fornication[25] inflames the soul and attacks it,[26] being so strong that it is said to be even stronger than fire and all tortures,[27]

17 IV,14, Frankenberg, p. 504.
18 This fire is related to light (lightning, sparkle, lamps). It comes from either the mouth or the eyes of the dragon.
19 "Letter on the Three Stages", 127.
20 Ibid., 174.
21 Ibid., 89.
22 Ibid., 82.
23 Ibid.
24 Ibid.
25 Ibid., 96; 101.
26 Ibid., 101.
27 Ibid., 97. This fire of fornication can also proceed from first fervour or the so-called novice fervour. Another origin for this is the fire of the natural seeds, "Letter on the Three

wrath immediately follows fornication, corning after it and connected to it in a relationship of cause-effect. Here we can discover Evagrius' conception of the linkage between passions (and virtues).[28] The fire of wrath fills the monk, burning this with rage against fellow-monks and guides.[29]

In the passions and through them, the above-referred representations and insinuations of the demons have entered into the human heart and burn it. This occurs through one of the deepest realities of human beings, temptation. The relevance of πειρα and πειραμός in the literature of the desert needs no further emphasis. In temptation, monks are exposed to the terrific powers of evil. In this crucial ex-"perience", the image of fire could not be absent. Temptation is portrayed as a furnace, where the pot is saturated with fire. Only after this experience, the pot becomes capable of containing wine, water or oil, happening the same with the body and its ascetical practices.[30] In temptations, the heart of the struggling monk burns as in the fire,[31] becoming a furnace.

Related to this image, Joseph evokes on two occasions the biblical narrative of Dan 3:1–30, where Shadrach, Meshach, and Abednego are thrown into the blazing furnace for not worshipping a golden statue made by King Nebuchadnezzar. Nevertheless, the three young men did not perish. In chapter 82, within an allegorical interpretation, the context refers to avoiding the excess of food. Ḥazzāyā begins by quoting an unidentified passage of the "Fathers" stating: "in Babylon there is no furnace more dangerous than the body that takes too much food". In explaining it, Joseph affirms that the Babylonians kindle the furnace of the body with passions. Against this background, the three young men – viewed as mind, spirit, and thought – stand up and pray to God to send them dew. Once arrived, this will cover and protect body and soul extinguishing the fire of passions and meanwhile will kindle in the three young men the holy light to our Saviour.[32] In chapters 130/1 he will return to the biblical passage, however, with some nuances. Now the endurance of the young men is emphasized, how they endured the ardour of the flame. By doing this, they deserved the cloud of dew that extinguishes the flame of fire.[33]

That dew and water extinguish fire is evident. Nevertheless, Joseph paradoxically here presents that same dew under the image of fire: "the fire extinguishes the fire", constituting "an ineffable miracle". He goes on to say: "The fire of love of Ananias and his companions has extinguished the fire of the Babylon of Nabucho-

Stages", 132.

28 It is known that Evagrius draws here on Stoic conceptions.

29 See, "Letter on the Three Stages", 89: "When the demon of fornication has accomplished his work then the damned demon of wrath approaches and tempts the monk. It fills him with wrath and burns him with rage, as fire, against all the brothers of the monastery and the guides who do not administer with equity".

30 "Letter on the Three Stages", 68.

31 Ibid., 49.

32 Ibid., 82.

33 Ibid., 130.

donosor. The same happens with all those who have in their hearts the divine fire: when they enter into the furnace of the cell, through patience in the trials, the heat of the fire of their love extinguishes the heat of the natural passions".[34] Therefore, only the fire of the divine love is capable of extinguishing the fire of passions.

As expressed, after this struggle has passed the fire of divine love comes to the soul and consumes its bonds with the world as straw by the fire.[35] The same image of fire and straw reoccurs when Joseph describes the expulsion of fear from the soul.[36] That fire inflamed the monk with a tender love to his Creator instructing him to abandon the world.[37] Fire of love comes to the heart, regarded this as the deep centre of the human person, through the action of grace, presented under the image of the "Angel of Providence". It instils in it the struggle for ascetical practices, making the monk desire to go beyond the natural things of the body,[38] burning his heart with the love to solitude, genuflections, uninterrupted recitation of the psalms and the continuous reading.[39] The grace renders the soul in blazes.[40]

Beyond this initial stage in the spiritual ascent, in several passages Joseph will introduce wonder as one of the most significant effects of the divine fire and grace. Wonder at God's economy takes place at the end of the psychic stage as well. At this stage this is caused by reading books that deal with that divine plan. As the monk reads, his heart is filled with wonder and the word is taken from his mouth. "Like a flame of fire falls on your heart, so that you will even take dirt with your teeth due to the joy in your heart".[41] Wonder at God's divine economy sets the heart in ecstasy. At least in two passages, this event is portrayed with the same exact expressions: "fire falls upon the heart". This fire is said to be poured by the Angel of Providence. The effect of this fire is to burn and blaze, bringing forth joy and tears.[42]

The Angel of the Providence draws the monk to wonder at God's creation. Fire falls upon his heart, burning and blazing night and day, wondering at the beauty of every creature, and how it was created out of nothing and how every creature draws the mind to wonder. In the measure that the Angel of the Providence pours fire into the heart from the ardour of the understandings of the divine economy, the heart becomes intoxicated with joy and tears pour without measure due to the joy of wonder.[43] These torrents of tears are the entrance into the "promised land".[44] Joseph

34 "Letter on the Three Stages", 130.

35 Ibid., 10, G. Bunge 300, 315.

36 "Letter on the Three Stages", 128: After the struggle with the demon the irascible part of the soul strengthens itself and banishes fear from itself just as fire destroys straw.

37 "Letter on the Three Stages", 9. The Angel of the Providence. See *Capita Scientiae* 5.9.15: "In your grace, cast on us the fire of your love, so that through this tender love we forget this world of troubles!"

38 "Letter on the Three Stages", 47, 124.

39 Ibid., 124.

40 *Capita Scientiae* 5.9.86, G. Bunge 314.

41 "Letter on the Three Stages", 141.

42 Ibid., 105 .

43 "Letter on the Three Stages", 105.

expresses the same in other words when he affirms that there is an intellectual fire that shines in the soul when the gates of mercy have begun to open.[45]

The role of the image of fire within the ecstatic state becomes even clearer in Joseph's letter on the Workings of the Grace. There, he presents this ecstatic state in two stages. First: the monk's body becomes spiritual, this being understood as immaterial, as this supported by a quotation from Evagrius on spiritual bodies. Second, another citation is introduced, now from the *Historia Lausiaca*. It refers to the famous abba Arsenios, who in prayer becomes fire. This condition is followed by another one in which a man is clad with fire from the sole of his feet to the crown of his hand, and when he looks at himself he will not be able to see any material body, but only the fire with which he is clad Evagrius calls this state 'fine spiritual bodies'.

Then Joseph refers to abbot Arsenios in the account of Palladius:

> "When he stood in prayer, and the above condition came to him, in which his whole being became like fire, an illuminated man among the brethren came, and from an aperture saw the old man as wholly fire".[46]

At the end of the above referred chapter 131 of the Letter, Joseph similarly expressed of Shadrach, Meshach and Abed-Nego, that they were "clothed with this divine fire".

So far, fire has been described as a divine fire. Would it be possible to deepen into the understanding of this fire? Although this fire is called divine, God transcends even this imagery of fire.[47] This serves to somehow express the operation of God in the human being, in its heart. In this regard, it is used to refer to the virtues,[48] and especially to faith[49] and love.

Nevertheless, I have reserved up to this stage a special connection of the semantic domain of fire with God, the Holy Spirit. On two occasions, Joseph refers to the mystery of Pentecost making usage of a similar structure. The Spirit, following the biblical text, is called the "power from on high".[50] Joseph's perspective applies the coming of the Spirit to the individual monk, giving especial emphasis to the virtue of expecting the arrival of the Spirit in the cell (121), this being compared to the attitude required from the apostles: "But remain at Jerusalem until you shall be clothed with the power from on high".[51] The link between fire and Spirit in Acts and in Joseph as well is established by the fire tongues.[52] It is this tongue of fire, re-

44 Ibid., 108.

45 See *Capita Scientiae* 5.9.21 , G. Bunge 302.

46 The Letter of the same Mar Absisho' to one of his friends, on the workings of the Grace. A. Mingana transl., p. 172.

47 "On contemplation in time of prayer", 149b; A. Mingana, p. 156.

48 *Captita Scientiae* 5.9.16, Bunge 301.

49 G. Bunge, p. 300.

50 Lk 24:49.

51 Acts 1: 4a.

52 165–166.

ceived from the Holy Spirit that teaches "new ineffable languages" and reveals the mysteries. Divine fire burning in human heart for God[53] and all human beings[54] is thus an operation of the Spirit. Here we have a pneumatic theology of interior transformation through the Holy Spirit as "Fire and Spirit".[55] All this attains its climax, when in the Capita Scientiae Joseph[56] puts forward what could be called a Hymn of Fire.[57]

> "My brethren, let us beseech that one who said: 'I have come to cast fire on the souls of human beings,'[58] that he in his mercy manifest the power of this fire, through the operation of his visitation (of fire), through the grace of his compassion. Amen".[59]

Throughout his texts, we will see how this passage of Lk 12:49 will take great relevance in Joseph's reflection on fire.

> "There is an operation of the grace that falls in the heart of the hermit as a coal of fire and burns him with heat and takes up his entire body. This is the Spirit of Adoption that we received through the holy baptism[60] as pledge of the everlasting life, and this fire gives birth all the saints for the light of the future world, and in him they attain fullness through the love of him who fills all in all. This is the Fire from which the Lord said: 'I came to bring fire to the earth, and how I wish it were already kindled!'" (Lk 12:49).[61]

53 See A. Mingana, pp. 165–166: "The first sign of the effective operation of the Spirit is when the love of God burns in the heat of a man like fire. From this are born in his heart the hatred and the complete renunciation of the world and the love of solitude and asceticism, which is the mother and educator of all virtues".

54 See A. Mingana, p. 166: "The third sign of the working of the Spirit in you consists in the kindness which represents within you the image of God, through which, when your thought extends to all men, tears flow from your eyes like fountains of water, as if all men were dwelling in your heart, and you affectionately embrace them and kiss them, while you pour your kindness on all. When you remember then your heart is kindled with the power of the operations of the Spirit in you as with fire, and from this, goodness and kindness are born in your heart, so that you do not utter an unkind thing to any man, nor does your thought think evil of anyone, but you do good to all men, both in your thought and in your deed".

55 Th. Olickal, p. 210.

56 Curiously R. Beulay, *La lumiere* , pp. 65–66 attributes this passage to John of Dalyatha

57 Something similar occurs in Evagrius' *De malignis cogitationibus* XLIV (Muyldermans, 59ff). Joseph's text is very close, even literally, to the Syriac Ps.-Macarius. See R. Beulay, *La lumiere,* pp. 66–68.

58 See Lk 12:49.

59 *Capita Scientiae* 52, G. Bunge, pp. 308–309.

60 On the connection between Spirit, Fire and baptism, see First Memra of Mar Abdisho' in *Questions and Answers,* p. 19, G. Bunge, p. 330: "As the nature of fire works ·in ·a stronger fashion in the nature of light than. in all other natures, so in the same way the operations of the HS, that is received in the holy baptism, in those that are pure".

61 *Capita Scientiae* 23, G. Bunge, p. 303.

The entire history of salvation is regarded there as an unfolding of the mystery of the Spirit-Fire.

> This Fire is the treasure, from which Saint Paul said, that we have it in clay jars, and its majesty comes from God. And this is the Spirit of Revelation, the Paraclete, the Spirit of Comfort.[62]

This is the Fire that came upon the apostles in Pentecost and "in it they transformed the entire creation, bringing it to the knowledge of our Lord Jesus Christ"[63] This is the Fire that moved Simon Peter to his confession;[64] the fire that John the Baptist received[65] in this fire Paul burnt;[66] to this fire the blessed martyrs looked[67] and accepted their martyrdom; this is the fire that glorified the holy fathers in all generations and all the righteous until the consummation of the world;[68] "This fire burns the body with love and purifies the soul with tenderness. And as pots, that go into the furnace, in the same fashion he burns all saints with his heat"[69]

It is clear that fire is to be connected with the divine vision of Isaiah 6 referring to the angelic doxology.

> Through the love of this fire the intelligible creatures praise and called one to another as they say: "Holy, holy, holy is the Lord of hosts; the whole earth is full of his glory".[70]

So, Joseph can summarize:

> Blessed are those who have experienced the operation of this fire because they already live in the kingdom of heaven and are constantly delighted by the mysteries of the future world. Blessed are they in truth and numerous are their beatitudes and they cannot be uttered by a tongue of flesh![71]

In the above quoted passage that summarizes the "Hymn of Fire" and Joseph's reflection on fire, we can notice the beatitude proclaimed upon those who "experience" the fire or its operation. This reference could have been wrongly understood as a reflection of the Messalian heresy. Nevertheless, we would find similar expressions in Origen, Gregory of Nyssa, Diadochus of Photike, Pseudo-Macarius, Symeon the New Theologian, among others, even in the Syriac tradition. Finally the

62 *Capita Scientiae* 24, G. Bunge, p. 304.
63 *Capita Scientiae* 27.
64 Mt 16:16.
65 *Capita Scientiae* 29, G. Bunge, p. 304.
66 *Capita Scientiae* 30, G. Bunge, p. 305.
67 *Capita Scientiae* 31, G. Bunge, p. 305.
68 *Capita Scientiae* 32, G. Bunge, p. 305.
69 *Capita Scientiae* 34, G. Bunge, p. 305.
70 *Capita Scientiae* 35, G. Bunge, p. 305.
71 *Capita Scientiae* 37, G. Bunge, pp. 305–306.

relevance of our symbol of (divine) fire[72] can be perceived in the following quotation, where the entire history of salvation, from protology to eschatology, is pervaded by it.

> This is the Fire with which Adam was clothed before the transgression of the commandment. And when he ate from the fruit of disobedience he was striped of it. He was not made worth of it until the second Adam clothes it through water and the Holy Spirit.[73]

Fire refers primarily to alterity, the otherness. It is a mysterious reality alien to human beings, terrible and terrific. The reaction of the human person before fire is mainly passive or can be regarded simply as endurance and prayer. Fire affects human deepest being. It comes from outside, falls on the centre of the person, the heart, poured on it, conquers it, inflames and transforms it, burning and consuming. In this way, human persons become fire, as Arsenios did. In the realm of the divine, fire is to be identified with the Spirit as the iterated quotation of Lk 12:49 highlights. The Spirit's function consists in setting on fire the entire creation. This is thereby called to return to its primeval status, in which Adam was clothed with fire.

In Joseph's use of the semantic domain of fire he places himself in the Syriac tradition, mainly in the images brought up by Ephrem and taken up in the liturgy. However, as relevant as Ephrem, or even more, is the Syriac reception of the writings of Pseudo-Macarius and his *mystique pneumatique*, in which emerges a deep connection between fire, light and Holy Spirit.

72 See Th. Olickal, p. 208: Fire is hidden in all the natures of creation with all its powers. It is the symbol of the mystery of the power of God.

73 *Capita Scientiae* 25, G. Bunge, pp. 303–304.

Der Topos von der Entwurzelung des Bösen bei Makarios Symeon und in der späteren syrischen Theologie

Jobst Reller

1. Mose bar Kepha

Im Werk des westsyrischen „Frühscholastikers“[1] Mose bar Kepha († 903 n. Chr.) findet sich in der Vorrede zum Kommentar über den „Apostel“, d. h. zu den Paulusbriefen, in zwanzig Kapiteln in Kapitel 19 ein kurzer Abschnitt zur Charakterisierung des Unterschieds zwischen Evangelium und Apostel:[2]

> „Kap. 19 zeigt, welcher Unterschied zwischen dem Evangelium und dem Apostel besteht. Wir sagen, daß das Evangelium die Geschichte von der Heilsökonomie[3] Gott des Wortes ist. Den Nutzen, der daraus entstand, und wie viele Übel sie aus unserem Geschlecht herausriß, dies lehrt und erklärt der Apostel den Menschen und hämmert es den Gewissen der Gläubigen ein.“

In überraschend prägnanter Sprache findet sich hier eine Charakterisierung der Briefe des Apostels Paulus, der gewissermaßen den soteriologischen Gehalt aus der in den synoptischen Evangelien erzählten Geschichte der inkarnatorischen Heilsoffenbarung von Gottes Logos erhebt, genauer gesagt den für das Menschengeschlecht entstandenen Nutzen (syr. ywtr^{a}n^{a}) im „Herausreißen“ oder „Entwurzeln“ (syr. ^{ce}qr^{a}t) vieler Bosheiten. Das dahinter stehende Bild ist das, dass im Menschengeschlecht durch das inkarnatorische Wirken Christi, wie es die Evangelien berichten, das Böse gewissermaßen mit der Wurzel (syr. ^{ce}q^{a}ra) ausgerissen ist. Weiter gefolgert hieße das, dass das Böse keine wirkliche Wurzel mehr schlagen kann im von Christus erfassten Menschengeschlecht. Der Apostel Paulus richtet diese Botschaft mit größtem Nachdruck an die Gewissen der Menschen aus, „hämmert“[4] sie ein.

1 So Jouko Martikainen.

2 Bei Reller, J., Mose bar Kepha und seine Paulinenauslegung nebst Edition und Übersetzung des Kommentars zum Römerbrief (Göttinger Orientforschungen I Syriaca 35), Wiesbaden 1994, 225.

3 Syr. m^{e}d^{a}br^{a}nwt^{a}, eigtl. Ordnung (vgl. syr. d^{a}b^{a}r = Wort, Sache), in der Regel für den altkirchlichen griechischen Terminus der „Oikonomia“ Gottes eingesetzt.

4 Syr. part. akt. qal. q^{a}b^{eca}.

Mose bar Kepha ist als enzyklopädischer Lehrer bekannt, von dem exegetische, dogmatische, philosophische und liturgische Schriften überliefert oder dem sie jedenfalls zugeschrieben sind.[5] Im Kloster auf dem trockenen Berg in Balad bei Mossul lehrend, war er auch als Bischof von Beth Raman und Beth Qiyonaye, bzw. als Weihbischof der tagritischen Landsmannschaft tätig. Sein Werk, christologisch mild diplophysitisch nach dem Vorbild des Patriarchen Severos von Antiochia († 538 n. Chr.) geprägt, wurde früh als Klammer der westsyrisch antiochenischen Kirche betrachtet und brachte Mose den Beinamen des „kleinen Severus" ein.[6] Mose arbeitete, indem er Schultraditionen[7] aus der alten Kirche kompilierte, so dass Berührungen mit nestorianischen Gelehrten seiner Zeit wie Theodor bar Koni (um 800 n. Chr.), Isho bar Nun († 828 n. Chr.) oder Ishodad von Merw (um 850 n. Chr.) u. a. nicht überraschend sind. Im Paulinenkommentar wird seitenweise Patriarch Johannes Chrysostomos († 407 n. Chr.) rezipiert, aber eben auch der „selige Erklärer" der apostolischen Kirche des Ostens, der sog. Nestorianer, Bischof Theodor von Mopsuestia († 428 n. Chr.).[8] In jüngster Zeit ist belegt worden, dass dogmatische Prolegomena über Einheit und Unkörperlichkeit Gottes usw., wie Mose sie um 860 n. Chr. seinem Kommentar zum Sechstagewerk, also zu Gen 1 und 2, in der in der Regel von Mose selbst gestalteten Vorrede beilegte, in wenig späteren jüdischen und muslimischen Werken in Persien benutzt werden konnten.[9] Nicht nur interkonfessionell, sondern auch interreligiös gab es also im 9. Jh. im Irak und in Bagdad, aber auch weiter östlich in Persien theologische Berührungspunkte. In den quer zu Konfession und Religion genutzten Schultraditionen theologischer und philosophischer Lehre konnte sich vieles aus unterschiedlichster Provenienz anfinden.

2. Syrische Exegese bis auf Dionysius bar Salibi

Zweihundert Jahre nach Mose bar Kepha verrät ein anderer westsyrischer Scholastiker Dionysius bar Salibi († 1171 n. Chr.) aus Amid, dem heutigen Diyarbakir in der Südosttürkei, möglicherweise etwas mehr über die bei Mose zu Tage kommende Schultradition von der Entwurzelung des Bösen. Der bei Mose in der Vorrede zum Paulinenkommentar begegnende Topos lautet bei ihm:

5 Reller, 59–87.

6 Ebd., 57.

7 Ein charakteristisches Beispiel zur Verarbeitung von Schultraditionen im Bereich der Philosophie zur Psychologie legt Jobst Reller dar in: Iwannis von Dara, Mose bar Kepha und Bar Hebräus über die Seele, traditionsgeschichtlich untersucht, in: G. J. Reinink/ A. C. Klugkist: After Bardaisan. Studies on Continuity and Change in Syriac Christianity in Honor of Professor Han J. W. Drijvers, Leuven 1999, 253–268.

8 Reller, 206ff.

9 Reller, J., Syrische Ansichten zur Ausbreitung des Islams, in: Interkulturelle Theologie-Zeitschrift für Missionswissenschaft (2014), 55–68, 65.

> „Das Evangelium lehrt über die Menschwerdung des Wortes und seine Heilsökonomie im Fleisch in einer Geschichte, Paulus lehrt den Grund der Menschwerdung und den Nutzen der Güter, die es uns geschenkt hat, und die Übel, die es aus uns herausgerissen hat.“ [10]

Bei Dionysius ist das Bild thetisch gewandt, indem positiv der geschenkweise empfangene „Nutzen der Güter“ der Menschwerdung den herausgerissenen „Übeln“ gegenübergestellt wird. Es ist unverkennbar, dass Dionysius u. a. die Kapitel 17–20 von Moses Vorrede und anschließend die Auslegung zu Röm 1,1 womöglich als zusammenhängende Einheit kannte – ob von Mose her oder aus einer anderen Schultradition.[11] Bei Dionysius liegt ein anderer Traditionszusammenhang auf der Hand. Schon begrifflich weist er über die technische Terminologie auf die antiochenische Einleitungswissenschaft des 4. und 5. Jahrhunderts – syr. ^{ce}lta oder griech. „αιτια“ und „σκοπος“, zu deutsch: Anlass/ Ursache oder Ziel einer Schrift.

In dieselbe Richtung weist auch die Beobachtung, dass die schon erwähnten nestorianischen Zeitgenossen von Mose bar Kepha Ishodad von Merw – demselben Ort, an dem auch die jüdischen und muslimischen Rezipienten von Mose bar Kephas Gotteslehre wirkten (s. o.) – und Theodor bar Koni denselben Topos zur Charakterisierung der paulinischen Briefe in derselben Begrifflichkeit bringen.[12] Zunächst Ishodad:

> „Darin lehrt [Paulus], welche Nutzen[13] die Ankunft Christi bei den Menschen wirkte und wie sie andernfalls in große Übel gefallen wären.“

Bei Theodor bar Koni lautet der Topos:

> „Weil sie [d. h. die Römer] ihn [also Paulus] noch nie gesehen hatten, wollte er sie durch Schriften belehren. Es war nötig, ihnen um der Verkündigung willen zu schreiben. Er macht ihre Größe [d. h. die der Verkündigung] aus den Gütern kund, die sie den Menschen gegeben hat, und aus den Übeln, die sie aus unserem Geschlecht ausgerissen hat,[14] und aus der Befreiung, die sie für diese beiden Gegner – Juden meine ich und Gottlose – bewirkt hat, und Leben und Gerechtigkeit, die sie den Glaubenden verkündigt hat.“

Theodor bar Koni verbindet die einleitungswissenschaftliche Frage nach dem Grund und Anlass des Schreibens (syr. ^{ce}lta) des Römerbriefs mit dem Inhalt des Topos.

---

10 Reller, Mose bar Kepha, 143. Vgl. die kurz vor der Veröffentlichung stehende Göttinger Dissertation von Gabriel Rabo zu Dionysius bar Salibi.

11 Reller, Mose bar Kepha, 148.

12 Ebd., 157f.

13 Syr. „ywtr^{a}ne“.

14 Syr. „w^{e}m^{e}n byš^{a}ta d^{ce}qr^{a}t m^{e}n g^{e}ns^{a}n“ – wörtlich wie bei Mose bar Kepha.

3. Theodor von Mopsuestia und die antiochenische Schulexegese

Meine in meiner Dissertation erhobene Vermutung war,[15] dass der hier zur Diskussion stehende Topos aus der Einleitung zum Paulinenkommentar des schon genannten seligen Erklärers der Nestorianer Theodor von Mopsuestia (ca. 350–428 n. Chr.) stammte, der Grund, Anlass und Ziel der Paulusbriefe mit der Versöhnung des Gottesvolkes aus Juden und Heiden, der Gabe von Leben und Gerechtigkeit an die Glaubenden und deren Nutzen, aber auch die Entwurzelung des Bösen aus dem Menschengeschlecht durch das Kommen Christi umfasste. Es sollte die Frage nach dem überraschenden Umstand beantwortet werden, warum Paulus in Rom an eine Gemeinde schrieb, die nicht er, sondern doch wohl Petrus gegründet hatte.

Leider ist Theodors Kommentar zum Römerbrief nur in winzigen Fragmenten erhalten, wenn nicht inzwischen die Forschungen von G. J. Reinink zu einem anonymen nestorianischen Kommentar Theodor als dessen Autor sichtbar gemacht haben.[16] Immerhin hat sich allerdings lateinisch eine Formulierung aus der Einleitung zum Kommentar zum Epheserbrief erhalten, die eine Reihe von Schlüsselworten des Topos enthält:[17]

> Paulus „bemüht sich zu zeigen, dass Christi Ankunft den Menschen den Grund für viele erbrachte Güter[18] bereit stellte."

Es sprechen also gute Gründe dafür, dass in diesem Topos von der soteriologischen Qualität der Inkarnation Christi als Entwurzelung des Bösen aus dem Menschengeschlecht die exegetische Schulwissenschaft Antiochias aus dem 4./5. Jahrhundert laut wird.

Ein nur exemplarisch möglicher Vergleich mit dem Werk Theodor von Mopsuestia bringt in Homilie 15 „Über die Eucharistie"[19] folgenden interessanten Text als Auslegung des in den Paulusbriefen (!) üblichen Gnadens- und Friedensgrußes zu Tage:

> „Dabei betet er für uns, denen durch das Heilswalten (οικονομια) Christi, unseres Herrn, dies zu unser aller Freude gegeben worden ist. Durch sein Kommen hat er alle Kriege abgeschafft, allen Haß und Streit gegen uns vollkommen ausgerottet, sei es Tod, sei es Verwesung, sei es Sünde, sei es Lei-

15 Reller, Mose bar Kepha, 158.

16 Reinink, G. J., Die Exegese des Theodor von Mopsuestia in einem anonymen nestorianischen Kommentar zum Neuen Testament, in: Studia Patristica 19, hg. v. E. A. Livingstone, Löwen 1989, 381–391.

17 Swete, H. B., Theodori Episcopi Mospuesteni In Epistolas B. Pauli Commentarii, Bd. I, Cambridge 1880/ 82, 113 Z. 5–7.

18 Lat. „multorum bonorum causam".

19 Raymond Tonneau OP/ Robert Devreesse: Les Homélies Catéchétiques De Théodore De Mopsueste (Studi e Testi 145), Citta del Vaticano 1949, 514f; Theodor von Mopsuestia: Katechetische Homilien II (Fontes Christiani 17,2), übers. v. Peter Bruns, Freiburg 1995, 413f.

> den, sei es Peinigung durch die Dämonen, was es auch immer sei, das uns Kummer bereitet, denn durch seine Auferstehung sind wir dem entronnen. Er macht uns vollkommen unsterblich und auch unwandelbar, [...] Dies ist eine Enthüllung dieser großen Güter, deren Zeichen (σημειον) und Sinnbild (τυπος) dieser Gottesdienst ist, der ein Gedächtnis des Todes unseres Herrn ist, durch den uns die Größe dieser Güter verheißen ist.“

Hier fallen mehrere bereits bekannte Begriffe: das Heilswalten oder die Heilsökonomie (syr. m^{e}d^{a}br^{a}nwta), „durch das Kommen [Christi]“ (syr. b^{e}matyt^{a}h), das „Entwurzeln/ Ausreißen“ (syr. ^{ce}q^{a}r) der „Sünde“ (syr. d^{a}ḥṭyta)[20] und das Geschenk großer „Güter“ (syr. r^{a}bwta d^{e}h^{a}l^{e}yn w^{a}d^{e}ayk h^{a}l^{e}yn t^{a}b^{a}ta). Selbstverständlich ist die Dialektik des bereits ganz in Christus vollzogenen, im „Gottesdienst“ so vorweggenommenen, aber noch nicht offenbar gewordenen sakramentalen „Geheimnisses“ (syr. t^{e}šm^{e}šta darze) bei Theodor mitgedacht. Eine umfassende Untersuchung bei Theodor von Mopsuestia steht noch aus, aber eine Vermittlung des Topos über die antiochenische Schultradition ist doch m. E. sehr wahrscheinlich.

4. Makarios Symeon

Die Redeweise von der „Entwurzelung“ des in den Menschen gegenwärtigen Bösen findet sich auch in den Homilien des Makarios Symeon, somit in der Sammlung jener bis heute bekannten und erbaulich genutzten sog. 50 geistlichen Homilien aus dem 10. Jahrhundert unter dem Namen des großen ägyptischen Eremiten Makarios, die zuerst von L. Villecourt auf einen den syrischen Messalianern im 4. Jahrhundert nahe stehenden Symeon zurückgeführt wurden, der als gebildeter Grieche am oberen Euphrat gelebt haben dürfte.[21] Der Göttinger Kirchengeschichtler Hermann Doerries hat als Lebenswerk und Vermächtnis eine systematische Studie zu Makarios Gedankenwelt hinterlassen, die er nach folgenden Themen abhandelt: 1. Das Böse, 2. Das Gebet, 3. Der Heilige Geist, 4. Der charismatische Lehrer, 5. Kirche und Christentum und 6. Symeon in seiner Zeit. Dabei analysiert Doerries auch tiefschürfend das Bild des hier vorgestellten Topos von der Entwurzelung des Bösen in einem eigenen Abschnitt „Die Wurzel und das Fremde. Die verborgene Tiefe der Sünde“.[22]

So soll Doerries hier referiert werden. Die Seitenzahlen in Klammern beziehen sich auf sein angeführtes Werk. Die Wurzel der Sünde steht für die „volle Tiefe des

---

20 Vgl. auch den Begriff von der „vollständigen Auflösung der Übel“ (syr. d^{e}š^{a}rya d^{e}byš^{a}ta) in Hom 12,10 (Tonneau, 336f, Bruns, 326), 13,6 (Tonneau, 376f, Bruns, 346), 13,10 (Tonneau, 384f; Bruns, 350), 14,15f (Tonneau, 434f, Bruns, 374), 15,7 (?; Tonneau, 472f, Bruns, 392), bzw. der „Befreiung von den alten Übeln“ (syr. g^{e}hyta d^{e}m^{e}n byš^{a}ta) in Hom 13,4 (Tonneau, 372f, Bruns, 344).

21 Doerries, H., Die Theologie des Makarios Symeon (Abhandlungen der Akademie der Wissenschaften in Göttingen philolog.-hist. Klasse III 103), Göttingen 1978, 12f.

22 Doerries, 63.

Bösen“ (S. 63): „Wie ein großer Baum, der seine Wurzeln in der Tiefe der Erde hat, nahm die eingedrungene Sünde die tiefsten Räume der Seele in Besitz, wuchs auf mit einem jeden von Kindheit an, war mit ihm eng vertraut und lehrte ihn das Böse.“ (ebd. H 41,1,8ff). Die Sünde ist „alles Bösen Wurzel“ (ebd. H 16,4,56ff). Röm 7,23 wird „das Gesetz der Sünde in den Gliedern“ bei Makarios Symeon zur „Wurzel“ oder auch zum Räuber (ebd. H 15,48,677f). Das „Entwurzeln der Sünde und des in uns gegenwärtigen Bösen, das vermag allein die göttliche Kraft.“ (S. 65, H3,4,46–55).[23] „Ringen, Kämpfen, Schlagen und Geschlagenwerden, das ist dein Teil; das Entwurzeln aber ist Gottes.“ Zwar spricht Makarios Symeon so selbstverständlich vom Bild der Wurzel der Sünde, dass es den Hörern vertraut gewesen sein dürfte. Die Unfähigkeit des Menschen zur Entwurzelung der Sünde aus eigener Kraft war allerdings bisher so nicht gelehrt worden. Noch Klemens von Alexandria († um 215 n. Chr.) lehrte, dass der Mensch die Sünde von Grund auf aus sich heraustreiben müsse, bevor Gott in ihm Wohnung nehmen könne (S. 65).[24] In der Streitschrift des „Großen Briefes“ heißt es: Die Gegner hätten dann Recht gegen ihn, Makarios, „wenn er ‚im Vertrauen auf eigene Kraft, Einsicht und Leistung den Anspruch machte, selbst das Böse entwurzeln zu können’. Aber er vertraue auf die göttliche Verheißung.“ (S. 65, Großer Brief p. 297,5). Könnte ein Mensch das Böse entwurzeln, „warum mußte dann Christus kommen? Wie das Auge nicht sehen kann ohne Licht, wie niemand reden kann ohne Zunge, hören ohne Ohren, gehen ohne Füße, arbeiten ohne Hände, so kann keiner ohne Jesus gerettet werden oder in das Himmelreich eingehen.“ (S. 66 H 3,4,51ff). Hier ist nun fast ein Anklang an die späteren Texte, wo auch die Notwendigkeit des “Kommens” Christi[25] mit dem soteriologischen Werk der Entwurzelung des Bösen verbunden ist. Doerries schließt (S. 66): „Symeon verknüpft das Kommen Christi mit dem für Menschen unmöglichen Austilgen der Wurzel des Bösen.“ Der Herr kam einst, um den in Adam gepflanzten bitteren Baum zu entwurzeln und an dessen Stelle neue himmlische Pflanzen zu setzen (S. 67; B 4,30,4 p.71,15–17). Während hier das Kommen Christi heilsgeschichtlich bezogen ist, ist es an anderer Stelle aktualistisch zu verstehen: „Wenn jemand seinen Willen allein auf den Herrn richtet, dann wurzelt der die Leidenschaften und Gedanken der Bosheit aus ihm aus, reinigt ihn und pflanzt in ihm Früchte des Hl. Geistes.“ (S. 67 H 56,2 p. 44,12ff).

Ausdrücklich sieht Makarios Symeon – hier deutlich an die obigen Texte anklingend – den Sinn des Römerbriefs darin, die einwohnende Sünde (Röm 7,20) als Urheberin des Schlechten, das wir gegen unseren Willen tun, bzw. des Guten, das wir unterlassen, zu identifizieren (S. 68 B38,1,2 p. II 53,22): „Diese einwohnende

23 Vgl. Schneider, H., Johann Arndt und die makarianischen Homilien, in: Strothmann, W. (Hrsg.): Makariossymposion über das Böse – Vorträge der finnisch-deutschen Theologentagung in Goslar 1980 (Göttinger Orientforschungen I Syriaca 24), Wiesbaden 1983, 219.

24 Griech. „εκριζωσθαι“ in: Quis dives salvetur 39,2 GCS 1970^2, 185,16ff.

25 Vgl. auch B 22,2,1 p. I 225,10ff griech. „ελευσις του κυριου ... ίνα ... των κακων συνηθειαν εκριζωση”.

Sünde – nimmt Symeon das Wort des Paulus auf – ist die Wurzel der Leidenschaften und der Nährboden der Dämonen." (Doerries). Symeon fordert weiter zum Kampf auf, aber nur gegen die Wirkungen, nicht die Wurzel der Sünde selbst. Der Kämpfende kommt nicht zum Sieg, sondern zur Suche und zum Streben nach dem Sieg und damit zum Gebet.[26]

5. Manichäismus und Messalianismus

Der Brief Symeons gibt einen Hinweis auf einen möglichen religiösen Kontext, dem der Topos von der Wurzel des Bösen im Menschen entstammen könnte. Bereits Theodorets von Kyros (393–466 n. Chr.) „Historia Religiosa" warf den Messalianern vor, dem Manichäismus verhaftet zu sein, der das Böse als Naturgegebenheit gesehen habe. Im genannten Brief (S. 78f B 46,1,1 p. II 84,7f) lehnt Symeon eine Auffassung von der Ursprünglichkeit des Bösen ab und setzt dieser die Erschaffung auch der Dämonen und die Freiwilligkeit ihres Falls entgegen. Die metaphysischen Dualisten nähmen eine „anfangslose(n) Materie" an, die als „Wurzel" (griech. „ύλη ριζα") eine „gleichmächtige Kraft" (griech. „ισοδυναμια")[27] sei. Redet Symeon selbst von der Wurzel der Sünde, dann ist ihm diese ein gefallenes Geschöpf, das Christus besiegen kann und wird. Möglicherweise nimmt Makarios Symeon also einen manichäischen Begriff auf, um ihn dialektisch christlich umzudeuten. Interessanterweise konnte auch Bardaisan von Edessa (154–222 n. Chr.) von „zwei Wurzeln" im moralischen Sinn im Menschen sprechen: „den selbst belebten Teufel meine ich ... und zwei Wurzeln kenne ich, eine böse und eine gute" (griech. „δυο ριζας οιδα πονηραν και αγαθην").[28] Der gnostisch-dualistische Bereich könnte also begriffsgeschichtlich einiges bieten.

Schon Doerries (S. 63) hatte angedeutet, dass der Topos der Wurzel bereits in den frühen Ketzerlisten begegnet. Klaus Fitschen hat in seiner Studie „Messalianismus und Antimessalianismus. Ein Beispiel ostkirchlicher Ketzergeschichte"[29] u. a. die Ketzerlisten untersucht. In Theodorets Schrift „Haereticarum

26 Vgl. auch Doerries, 138, die Prüfung und Sichtung der Gedanken auf die bösen Geister als „Wurzeln der Gedanken" (B 54, 3,1 p. II 154,4), bzw. die Erfahrung der asketischem Zugriff entzogenen Wurzelhaftigkeit der Sünde (199).

27 Vgl. Hippolyt von Rom: refutatio omnium haeresium sive philosophoumena 6,18, ed. P. Wendland (GCS 3, 1916), p. 144,12 als Aussage des Apostels Simon: „Es gibt zwei Naturen nebeneinander der ganzen Äonen ... aus einer Wurzel, welche die unsichtbare Kraft ‚Schweigen' ist.", bzw. das Naassenerevangelium ebd. 5,9 (p. 98,19), Valentinian, ebd. 6,30 (p. 158,4).

28 Nach Adamantius (4. Jh.): dialogus de recta in Deum fide 3,3, ed. W. H. van Sande Bakhuyzen (GCS 1901), p. 118,13.

29 Fitschen, K., Messalianismus und Antimessalianismus. Ein Beispiel ostkirchlicher Ketzergeschichte (Forschungen zur Kirchen- und Dogmengeschichte 71), Göttingen 1998, 60ff.

Fabularum Compendium“ findet sich der Terminus „Wurzel“ zur Auffassung des Sakraments der Taufe durch die Messalianer:[30]

> HFC 2: „Denn wie ein Rasiermesser entfernt sie zwar die früheren Sünden, die Wurzel der Sünde aber schneidet sie nicht ab.“
>
> HFC 3: „Das ausdauernde Gebet jedoch reißt auch die Wurzel der Sünde wurzeltief aus und vertreibt den von Anfang her ererbten bösen Dämon aus der Seele.“

Der erste Satz würde wohl auch die Zustimmung von Makarios Symeon finden, der zweite nur bedingt, wenn denn vorausgesetzt wäre, dass dieses Gebet sich auf den einzig Christus möglichen Sieg über die Wurzel der Sünde bezöge.

6. IV Esra

Lässt sich weiteres Material zum Topos von der Entwurzelung des Bösen durch das Kommen Christi und dem erbrachten Nutzen auffinden über die oben geäußerte Hypothese einer bewussten Umprägung eines manichäischen Begriffs durch Makarios Symeon?[31] Dass der Begriff „Wurzelsünde“ für sich genommen im Gesamtzusammenhang der Lehre von der Ursprungs- oder Erbsünde eine eigene Wirkungsgeschichte gehabt hat, ist unbenommen und bleibt hier zunächst außer Acht. Bereits Friedrich Loofs hatte in seinem „Leitfaden zum Studium der Dogmengeschichte“[32] auf den Begriff „Wurzelsünden“ hingewiesen. Der im Orient gebildete westliche Mönchsvater Johannes Cassian († 430 n. Chr.) habe seinen Begriff von den „octo principalia vitia“ von Evagrius Ponticus († um 400 n. Chr.) und Nilus († um 440 n. Chr.) aus gebildet. Die, die täglich gegen das „Gesetz der Sünde in den Gliedern“ (Röm 7,23) kämpften, dürften durch die tägliche Gnade Christi ihres Heils dennoch gewiss sein! Streng genommen verschiebt sich aber im Begriff des „vitium principale“ das bei Makarios Symeon und den späteren Syrern zugrundeliegende Bild. Aus der „Wurzel des Bösen“ wird eine technische Hamartologie von den „erz- oder grundsätzlichen“, eben „prinzipiellen“ Sünden.[33] Interessant ist der Hinweis Loofs auf den Gedanken der „Erbsünde“ im Judentum.[34] Im sog. „4. Buch Esra“, auch „2 Esdras“ oder „Esra-Apokalypse“ genannt, das Kap. 3–14 des „IV Esdras“ in der Vulgata, entspricht und wohl hebräisch oder aramäisch nach der Zerstörung

30 Fitschen, 63, nach PG 83, 429 B, in Teilen wiederholt um 600 in der Ketzerliste bei Timotheos von Konstantinopel, 70, nicht mehr jedoch bei Johannes von Damaskus, 78.

31 Erste Sondierungen stützen sich auf Lampe, G. W. H. (Ed.): A Patristic Greek Lexicon, Oxford 1961; [George K. Kiraz (Ed.]: The Concordance to the Peshitta Version of the Aramaic New Testament, New Knoxville/ Ohio 1985.

32 Loofs, F., Leitfaden zum Studium der Dogmengeschichte, Halle a. d. S. 1906^{4}, 1001.

33 Ebd., 479. Vgl. auch 438 zum Semiaugustinismus dieser „massilianischen“ Klöster!

34 Loofs, 57.

Jerusalems im Jahr 70 um 100 n. Chr. entstanden und über eine griechische Übersetzung in die orientalischen Sprachen übertragen worden sein dürfte,[35] wird die fast ausnahmslose Sündhaftigkeit der Menschen gelehrt. In der syrischen Version[36] findet sich der Gedanke von der „Aussaat des Samens des Bösen in das Herz Adams" (IV, 30: syr. „z^{a}r^{ca}a d^{e}byš^{a}ta"), bzw. der Frucht dieses Samens (IV, 31). „Leidenschaft und Gesetz blieben bei ihnen, im Herzen des Volkes zusammen mit der bösen Wurzel" (syr. „^{ce}q^{a}ra byša" III, 22). „Dann verschwand das Gute und das Böse kam" (III,23). Hier ist das Bild ausgeführt: Im leidenschaftlich erregbaren Menschen, der das Gesetz Gottes noch kennt, ging der Samen auf und schlug Wurzel, so dass Böses an die Stelle des Guten trat. Biblisch steht der Gedanke des „bösen Triebes" (hebr. y^{e}z^{ä}r h^{a}r^{ca}h Gen 8,21; Sir 21,11) dem Bild nahe. Allerdings wird auch die klare Hoffnung formuliert, dass im kommenden Äon die „[böse] Wurzel" im Volk versiegelt werden wird (syr. „w^{ce}q^{a}ra et,h^{a}t^{e}m m^{e}nkwn"; VIII, 53). Als Erlösung wird hier charakteristisch nicht die Entwurzelung des Bösen erhofft, sondern nur seine Unschädlichmachung und Verkapselung! Allerdings dürfte deutlich sein, dass es in der jüdischen Apokalyptik und nicht nur im Manichäismus einen Gebrauch des Bildes von der bösen Wurzel gegeben hat, den Makarios charakteristisch umdeuten konnte. Ähnlich wie bei Klemens von Alexandria (s. o.) ist auch im „Testamentum Aschers", möglicherweise aus dem 2. Jh. n. Chr. (1,7)[37] davon die Rede, dass die tugendhafte Seele „die Sünde entwurzelt" (griech. „εκριζοι την άμαρτιαν"). Auch Methodius von Olympos († 311 n. Chr.)[38] konnte von der „Entwurzelung der Sünde" (griech. „εκριζωσις της άμαρτιας") sprechen.

7. Liber Graduum

In dem wohl zwischen 350 und 430 n. Chr. entstandenen asketischen „Stufenbuch", Memra 20,5, (lat. „Liber graduum") findet sich eine über Klemens von Alexandria hinausgehende Parallele, die das willentliche „Entwurzeln der Sünde" mit der gleichzeitigen Hilfe durch Christus parallel stellt.[39] „Therefore, a person may journey all the steps of the road of our Lord Jesus, yet come to do battle to the death on this last step. That is, a person may eliminate all visible sins when he lowers himself

35 Steins, G., Art. Esra, Esraschriften, I. Biblisch, in: LThK III (1995^{3}), Sp. 887f.

36 Vetus Testamentum Syriace Iuxta Simplicem Syrorum Versionem IV, Lugduni Batavorum 1973.

37 Charles, R. H., The Greek versions of the Twelve Patriarchs, Oxford 1908, p. 171. Vgl. auch Isidor von Pelusio († um 435 n. Chr.): epistolarum libri quinque 2,171, MPG 78, 621D.

38 De ressurectione mortuorum 1,42 (GCS), p. 288,14.

39 Übers. n. Robert A. Kitchen/ Martien F.G.Prmentier: The Book of Steeps. The Syriac Liber Graduum, Kalamazoo/ Michigan 2004. Frdl. Hinweis v. Prof. Dr. Jouko Martikainen Turku. Vgl. in ed. Kmosko, p. 535s, wie Hbr 12,15 die manifesten Sünden auf die „innere Wurzel" (syr. „l^{ce}q^{a}ra g^{a}w^{a}ya", die „Wurzel der Bitterkeit", zurückgeführt werden. Vgl. auch ebd., p. 533s, 22.

and loves, but come to do battle to the death and great struggle with the very root of sin and its thoughts. But if a person uproots sin and ascends these steps of which I have spoken, then he will enter to be with our Lord spiritually, taking refuge in our Lord, as the prophet said, 'A fortified tower is the name of the Lord our God and may rich man and the poor man run to it' (Prov 18,10). For a person reaches the city of our Lord when he climbs this step; that is, when he has uprooted every root of sin and its fruits that confront him. Because this sin confronts him in the door of this step, he will not cross over, unless our Lord comes to rescue him, and one will not be rescued except by great battle. but this step is hard because on it all the deficiencies belonging to the body and soul vanish."[40] Hier finden sich die relevanten syrischen Begriffe in der spezifischen Redeweise des Ineinanders von menschlichem Entwurzelungskampf und befreiendem Eingreifen Christi: „b^{ce}q^{a}ra dyl^{a}h d^{a}ḥţyta w^{a}dmhšb^{a}t^{a}h. en d^{e}yn ^{ca}qr^{a}h in^{a}š l^{a}hţyta" „ma d^{ca}qr^{e}h lk^{u}l^{a}h ^{ce}q^{a}r^{a}h d^{a}ḥţyta".

Der schon erwähnte Nilus von Ankara spricht vom „Nichtbesitzersinn", von der „Entwurzelung der Geldgier", bzw. der „Einwurzelung der Nichtgeldgier" (griech. „φιλαργυριας εκριζωμα, αφιλαργυριας δε ριζωμα".[41] Gregor von Nyssa († 394 n. Chr.) kann vom „Entwurzeln" des Todes im menschlichen Leib (griech. „ριζωρυχειν") durch die Saat des unsterblichen Leibes Christi in den sterblichen Leib des Christen beim Abendmahl sprechen.[42]

Neutestamentlich am nächsten steht terminologisch 1 Tim 6,10:[43] „Die Wurzel alles Bösen ist die Liebe zum Silber" (syr. „^{ce}q^{a}ra g^{e}yr d^{e}kwlh^{e}yn byš^{a}ta"). Allerdings ist der Bildgebrauch, verglichen mit dem anfangs beschriebenen Topos, unspezifisch, weder auf Urstand noch zukünftigen Heilszustand bezogen. Dies gilt mutatis mutandis auch für die alttestamentlichen Synonyme hebr. „šrš" und seine Ableitungen, bzw. aram. „^{c}qr". Das Bild der Wurzel oder auch des von der Wurzel an Ausreißens eines sündigen Volkes ist nicht unbekannt, aber doch nicht spezifisch im obigen Sinn gebraucht. Klemens Alexandrinus (s.o.) scheint hingegen, eine Tradition im Sinne des 4. Esra gekannt zu haben.

8. Schluss

Ein unmittelbares biblisches Vorbild des Topos scheint sich nicht zu finden. Ich möchte geneigt sein, im oben beschriebenen Topos vom „Auswurzeln der Sünde und des Bösen" und der „Gabe großer Güter durch Christus" als Sinn und Grund des Römerbriefs und der paulinischen Briefe bei Theodor von Mopsuestia und den syrischen Exegeten einen Nachklang eines Topos des Makarios Symeon zu sehen. Möglicherweise ist er nicht mehr in der Fülle verstanden worden, ist die Dialektik

40 Ed. Kmosko, p. 537s.
41 De vitiis quae opposita sunt virtutibus 3 (MPG 79), 1141D.
42 Oratio catechetica 37, ed. J. H. Srawley. Cambridge 1903, 146,6.
43 Vgl. Hbr 12,15 syr. „^{ce}q^{a}ra d^{a}mr^{u}re" (Dtn 29,17), Eph 3,17; Kol 2,7.

des „Schon jetzt“ und „Noch nicht“ des Mysterions des Heils, das für einen Exegeten wie Theodor von Mopsuestia selbstverständlich war, verkürzt worden. Auch die gängige Meinung von einer physischen, bzw. moralischen Erlösungslehre, wobei alle antiochenischen und nestorianischen Theologen letzterer zuzuordnen wären, wäre doch mit Vorsicht zu genießen. Zieht man den eschatologischen Vorbehalt bei Theodor von Mopsuestia in Betracht, dann bekennt er eindeutig, dass das Gesetz des Mose als Weg aus Blut, Schweiß und Tränen auch den erlösungswilligen Menschen nicht zu retten vermochte. „Der ‚unwandelbare', durch Affekte auch der Sünde nicht mehr erregbare Geist unsterblichen Lebens wird erst wirklich befreit sein, und dies hat Christus durch seine Gnaden ohne Mühen („πονων εκτος“) angefangen.“[44] In jedem Fall lohnte eine eingehende begriffsgeschichtliche Untersuchung zum Begriff der „Wurzel“ der „Sünde“ in der Alten Kirche und ihrer Umwelt – nicht nur im Blick auf die Lehre von der „Ursprungs- oder Erbsünde“.

44 Reller, J., Zur Deutung des Heilswerkes Christi in der syrischsprachigen Paulinenauslegung von Johannes Chrysostomos über Mose bar Kepha bis Dionysius bar Salibi. Festschrift für Jouko Martikainen, in: ders./ Martin Tamcke (Hrsg.): Trinitäts- und Christusdogma. Ihre Bedeutung für Beten und Handeln der Kirche (Studien zur Orientalischen Kirchengeschichte 12), Münster/ Hamburg/ London 2001, 67–90, 81–83.

Prélude à un lexique grec-arabe :
Quelques termes théologiques-anthropologiques de la *Grande Lettre* du Pseudo-Macaire, Selon le *Vat. Ar.* 84

Vincent Desprez

Ce début d'un lexique entre une des versions arabes[1] et l'original grec du *Corpus Macarianum* du Pseudo-Macaire sera précédé par un essai d'état de la question, où l'on tentera d'en suggérer l'intérêt.

I. Introduction : Quelques étapes de la recherche.

Les versions arabes du CM ont été connues, puis utilisées progressivement.
En **1719**, Joseph Simon Assemani signale[2], parmi une collection de 52 pièces attribuées à Éphrem de Nisibe, deux qui sont en réalité les Λόγοι 20 (= CM I, 55 = TVh 15) et 25 (= CM I, 60 = TVh 20) du Vat. ar. 84 se rencontrent en arabe, sous le nom d'Éphrem, dans deux manuscrits : l'un du couvent romain San Pietro in Montorio sur le Janicule (copié en Égypte en 1324), et un autre manuscrit égyptien, un peu plus ancien, dont il donne l'analyse sans la cote, actuel Vat. ar. 67[3] : pièces 36 (inc.

1 Nous nous limitons ici à l'étude de la version du *Vaticanus (=Vat.) ar.* 84. Celle du *Vat. ar.* 80, faite sur le copte d'après A. Suciu, est moins stable, plus sujette à des gloses explicatives. – Abréviations et sigles : CM : *Corpus Macarianum* (*Clavis Patrum Graecorum* 2410-2430) ; TU = *Texte und Untersuchungen*, Berlin ; B = *Vat.gr.* 694, s. 13 ; C = *Athènes, BNG, Grec* 272, s. 11 ; E = *Venezia Bibl. Marciana gr.* 52, s. 10 ; T = *Vat. ar.* 70, s. 15 ; V = *Vat. ar.* 80, s. 13 ; W = *Vat. ar.* 84, a. 1055 ; X = *Paris BnF grec* 973, a. 1045. Les *Sinaitici arabici* 358 et 446 seront cités par leurs cotes. Nous remercions Hanna Skandar pour la communication de son édition, pour bien des travaux effectués en commun, pour sa relecture ; et, pour l'aide qu'ils nous ont apportée, les chercheurs nommés dans les notes. Toutes les erreurs sont imputables à l'arabisant novice que nous essayons d'être.

2 Joseph Simon ASSEMANI, *Bibliotheca orientalis clementino-vaticana* I, Rome 1719, p. 154 et 155. Notice sur ce savant, Nasser GEMAYEL, *Les échanges culturels entre les maronites et l'Europe. Du Collège maronite de Rome (1584) au Collège de 'Ayn-Warqa (1789)*, Beyrouth 1984, p. 420–434 ; sa bibliographie, p. 489–507.

3 Actuel *Vat. ar.* 67. Sur ce couvent, cf. A. KLEINHANS, *Historia studii linguae Arabicae et Collegii Missionum Ordinis Fratrum Minorum in Conventu ad s. Petrum in Monte Aureo Romano erecti*, Quaracchi, 1930, pp. 75–87. – Aurélien GIRARD, "Des manuels de langue entre mission et érudition orientaliste au XVIIe siècle, les grammaires de l'arabe des caracciolini", SmM 1/2010, 279–295 [ces clercs réguliers mineurs ont été ainsi appelés du nom d'un de leurs

– traduction d'Assemani – "Qui Deo placere cupit eiusque haeres per fidem evadere") et 51 (inc. "Qui vere se consecrare cupiunt ob futuram promissionem"). Ces pièces, sous les titres Περὶ ὑπομονῆς et Ἀσκητικὸν ὠφέλιμον, font partie de l'"Éphrem grec" et ont été éditées par W. Strothmann[4]. Cette information d'Assemani, à notre connaissance, n'a pas été encore exploitée pour l'étude du CM.

En **1721** et **1725**, le même J. S. Assemani présente les Vat. ar. 70 et 84 parmi les manuscrits qu'André Skandar avait apportés d'Orient à Innocent XIII en 1721[5].

En **1831**, Angelo Mai traduit les incipit du Vat. ar. 84[6] et ceux du 80[7] et du 70, ce qui permettra à Villecourt de les comparer à la tradition grecque de Macaire.

En **1920**, Louis Villecourt analyse le contenu des Vat. ar. 70, 80 et 84 en les comparant aux Cinquante Homélies et aux Opuscules de PG 34, et aux sept Homélies éditées par G.-L. Marriott en 1918. Il fait écho à l'identification signalée ci-dessus[8].

En **1931**, Werner Strothmann, Die arabische Macariustradition, Diss. Theol. Göttingen, explore la tradition arabe ; des données en seront publiées en 1941 dans Symeon von Mesopotamien et dans ses éditions de 1975 et 1981.

En **1941**, Hermann Dörries[9] attribue à W. Strothmann les tableaux analysant les collections et (implicitement) l'analyse des pièces conservées en arabe, notamment de la Grande Lettre, dont le texte assez complet est alors connu, pour le début, par les seuls manuscrits arabes sous le nom de Syméon (T et V ; le 84 = W est acéphale) et, pour la fin, par W et le Vat. Gr. 694 = B (T et V omettant la fin à partir de 13,

---

fondateurs, S. Francesco Caracciolo] ; ID., "L'enseignement de l'arabe à Rome au XVIIIe siècle", in Benoît GRÉVIN (éd.), *Maghreb-Italie. Des passeurs médiévaux à l'orientalisme moderne*, Rome, École française de Rome 2010, p. 209–234. – Deux mss. vaticans font référence à la fois à saint Éphrem et au Monte Aureo (Montorio) : les *Vat. ar.* 463 et 68. – Le *Vat. ar.* 67 fait référence à saint Éphrem uniquement. – Les mss suivants comportent tous une référence explicite au Monte Aureo : *Vat. ar.* 78. 128. 469. 525. 555. 625. À propos du ms *Vat. ar.* 636, Graf donne la référence à Kleinhans, *supra*. Je remercie vivement Adrien de Fouchier pour ces informations.

4 *Schriften des Makarios/Symeon unter dem Namen des Ephraem* (*Göttinger Orientforschungen* I, 22), Wiesbaden 1981. Ces pièces se rencontrent aussi, en grec, entre autres dans le *Venezia, Bibl. Marciana, gr.* 52 et dans le *Jérusalem, Bibliothèque patriarcale, Saint Sabas* 158, non cités par Strothmann.

5 Joseph Simon ASSEMANI, *Bibliotheca orientalis clementino-vaticana* II-III, Rome 1721 et 1725. Dans ce lot, le *Vat. ar.* 70 porte le n° 44 (t. II, p. 510) ; le *Vat. ar.* 84, le n° 47 (*ibid.*, p. 511 ; t. III, p. 44, n. 8). Notice sur Andreas Skandar, cf. GEMAYEL 1984, I, p. 455–458 ; bibliographie, p. 527–535.

6 A. MAI, *Scriptorum veterum nova collectio*, IV, 2, Rome 1831, p. 190–193.

7 Cf. W. STROTHMANN, *Das arabische Sondergut* (cité *infra*), p. 4, n. 21 ; H. DÖRRIES, *Symeon von Mesopotamien* (cité *infra*), p. 392 et 410.

8 "Homélies de Macaire en arabe dans un manuscrit du Vatican", *Revue de l'Orient chrétien* 21, 1918–1919, p. 337–344 ; identification des deux pièces sous le nom d'Éphrem, p. 340, n. 1. Voir plus loin les alinéas sur Samir 1973 et Sauget 1976.

9 H. DÖRRIES, *Symeon von Mesopotamien. Die Überlieferung der messalianischen „Makarios"-Schriften* (*Texte und Untersuchungen* 55/1), Leipzig 1941.

10). H. Dörries considère que l'ordre de T (plus récent et davantage glosé dans le détail), est plus primitif que celui de V.

En **1944**, Georg Graf analyse la tradition manuscrite des versions arabes de la Bible, du CM et d'Éphrem [10]. Les notices de Graf sur les manuscrits arabes de la Vaticane sont maintenant disponibles sur le catalogue en ligne, avec accès par les cotes des manuscrits. Les témoins éphrémiens énumérés aux p. 429–432, pour les seules Paränesen, débordent la collection des 52 Homélies ; on ne peut donc exclure la possibilité de trouver d'autres pièces du CM parmi les témoins de l'Éphrem arabe.

En **1973**, K. Samir inventorie la collection des 52 Homélies, dont il a repéré 34 témoins manuscrits. D'après le manuscrit de Beyrouth, il compare le contenu de cette collection aux pièces correspondantes de l'Éphrem grec quand il en existe[11].

En **1975**, W. Strothmann publie[12] la traduction allemande des textes conservés seulement en arabe, afin de permettre d'identifier d'éventuels morceaux grecs nouvellement découverts. C'est le cas pour le fragment C 17d, édité en 1961 par E. Klostermann et H. Berthold dans TU 72, p. XXVII, et dont une version un peu plus longue sera éditée par Dunaev-Desprez 2014, p. 786 s. Ce volume de Strothmann 1975 traduit (p. 83-85), avec T int 7/V int 41, les deux fragments syriaques correspondant à cette pièce. Un lexique grec-arabe de ces pièces permettrait un essai de rétroversion grecque de ces homélies et questions.

En **1981**, W. Strothmann publie en grec la plupart des pièces du CM conservées sous le nom d'Éphrem et des notes critiques sur la Collection II. Il intègre à ses apparats critiques, en grec, entre autres, les variantes des Vat. ar. 80 et 84 pour I, 60, du second seul pour I, 55, et traduit des passages de l'homélie II, 49 conservés seulement en arabe[13]. D'autres collations par W. Strothmann et K. Deppe ne seraient plus disponibles.

10 Analyse de la tradition manuscrite du CM arabe, p. 389–394. – Aux p. 429–432, analyse des Parénèses d'Éphrem, notamment dans le *Vat. ar.* 67 (p. 429) et 88 (s. 14) ; d'un fragment d'Abu'l Baraqât, *Lampe der Finsternis*, ch. 16 (*Vat. ar.* 623, 168r) ; des *Vat. syr.* 202 (karšuni) ; *Vat. syr.* 199 (karšuni, a 1545) ; Vat syr 159.

11 K. SAMIR, "Le Recueil Éphrémien Arabe des 52 Homélies", *Orientalia christiana periodica* 39, 1973, p. 307–332. Il suit l'ordre du ms. *Beyrouth, Université Saint-Joseph*, 505 (A. 1215), où le n° 51 du *Vat. ar.* 67 (*De patientia et compunctione*) porte le n° 37. Les pièces 36 et 37 sont mentionnées aux p. 321, 326, 328–329. Cf. *Sancti Ephraem Syri Opera omnia, quae extant graece syriace latine*, *Graece* 1–3, Rome 1732, 1743, 1746, qui ne pouvaient être cités dans la *Bibliotheca Orientalis* I de 1719. Ces deux pièces ne figurent pas dans le témoin étudié par J.-M. SAUGET, "Le Dossier Éphrémien du manuscrit arabe de Strasbourg 4226 et de ses *membra disiecta*", *Ibid.* 42, 1976, p. 426–458.

12 MAKARIOS/SYMEON, *Das Arabische Sondergut* (*Göttinger Orientforschungen* I/11), Wiesbaden 1975.

13 *Schriften des Makarios/Symeon unter dem Namen des Ephraem* (*Göttinger Orientforschungen* I, 22), Wiesbaden 1981, p. 1–27 et 53–69 ; *Textkritische Anmerkungen zur Sammlung II* (*GOF* I, 23), p. 111–114.

En **1986**, Joseph-Marie Sauget, alors scriptor arabicus de la Bibliothèque Vaticane, qui a laissé des analyses détaillées des Vat. ar. 70 et 80[14], traduit pour nous, directement sur le manuscrit, le début de CM I, 2 dans le Vat.ar. 84[15] et déclare très intéressant le vocabulaire théologique/spirituel de ce manuscrit. – Une traduction par A. Salmi nous montre que le passage de I, 57, omis par B, édité par H. Berthold dans l'apparat de la Sammlung I (Berlin 1971, p. 179 s.), figure bien dans le Vat. ar. 84 ; B. Outtier l'identifie aussi dans la version géorgienne[16].

En **2003**, P. Géhin vérifie pour nous sur le Paris. Ar. 149 que ce manuscrit omet les ch. 9, 14–17 de la Grande Lettre, comme tous les autres témoins du CM sauf le Marc. 52[17]. Ces résultats nous conduisent à entreprendre, notamment avec l'aide de Stephanos Njeim et Hanna Skandar, une étude personnelle de ces versions arabes.

En **2011**, A. Suciu a identifié, en sahidique, deux fragments des Collections TV et III (TV h 13 = C 38 = édition Klostermann-Berthold, TU 72, n° 26 ; et TV h 16 = C 3 = TU 72 n° 6) dans un témoin du Xe s., à la distance relative qu'ils ont dans TV[18]. Cette version copte attesterait donc aussi, comme les fragments du Vat. gr. 2028 (cf. infra), l'existence d'une collection grecque modèle de la collection TV.

En **2013**, Hanna Skandar établit une édition critique électronique des collections TV et W, d'après tous les manuscrits qu'il a pu atteindre. Il fait de la Grande Lettre arabe l'objet de sa thèse à Beyrouth. Les versions arabes des Vat. ar. 70 et 80 d'une part, 84 d'autre part, mériteraient d'être éditées, comme le sont celles des versions arabes de Grégoire de Nazianze[19].

En **2014**, nous publions, en annexe à l'édition, avec traduction russe, de la Collection I par A. G. Dunaev[20], sept pièces brèves du Vat. gr. 2028 sous le nom de

14 Notices des "papiers Sauget" communiquées à nous par Louis Duval-Arnould, que je remercie vivement.

15 Le *Vat. ar.* 84, daté de 1055 et originaire de la région d'Antioche, est curieusement très proche codicologiquement du *Paris.gr.* 973, provenant du Latros près de Smyrne, de dix ans seulement son aîné.

16 G. A. NINUA, *P'sevdo Makaris t'hzulebat'a k'art'uli versia (Jveli k'art'uli mcerlobis jeglebi*, IV), Tbilissi, Institut des manuscrits, 1982, p. 383. La traduction a été effectuée par Euthyme l'Hagiorite (955–1028). Cf. communication écrite (18 mai 1989) de Bernard Outtier, que je remercie vivement. Ce passage est aussi présent en grec, entre autres, dans le *Saint-Sabas* grec 157 et dans les 150 *Kephalaia*.

17 V. DESPREZ, "Vers une nouvelle édition de la Grande Lettre et de la Collection IV du Pseudo-Macaire", *Studia Patristica* 40, Leuven 2006, p. 261–265.

18 A. SUCIU, "The Borgian coptic manuscripts in Naples. Supplementary Identifications and Notes to a recently published catalogue", *Orientalia christiana periodica* 77, 1911, p. 299–325, ici p. 321–323. ID., "A New Witness to the Spiritual Homilies of Macarius", http://alinsuciu.com/2011/06/07/a-new-witness-to-the-spiritual-homilies-of-macarius-in-a-sahidic-manuscript/ – La version arabe (égyptienne) du *Vat. ar.* 80 et consorts aurait été faite sur le copte.

19 Par Jacques Grand'Henry et Laurence Turlincx, *Corpus Christianorum Series Graeca* 19–20, 34, 43, 85, Turnhout 1988–2013, les derniers avec des concordances lemmatisées.

20 V. DESPREZ, "Trois témoins partiels indirects, quatre florilèges, citations byzantines de la Collection I du 'Corpus Macarianum'", p. 735–917 de Преподобный Макарий Египетский

Syméon (identifiées en 1999 par P. Géhin) qui, d'après une première collation par H. Skandar, sont des épaves du modèle grec de la collection arabe TV. Le n° 2 de cette série (Desprez 2014, p. 786) est une version longue de C 17d (uide supra), un peu moins longue cependant que l'arabe.

La collection arabe de W et des Sinaitici arabici 358 (s. 12), 356 (s. 12–13), 446 (s. 13) est un décalque très précis de la Collection IV grecque (Paris gr. 973 = X seul complet sauf le début et deux folios), que nous espérons utiliser comme témoin d'appoint, surtout pour l'édition de la seconde moitié de cette Collection grecque IV, quand les principaux témoins grecs partiels (Athen. gr. 272 ; Lavra B 48) font défaut et que X est seul ou en compagnie de l'Iviron 1318, du XVIIIe s. ou de rares témoins partiels.

La collection TV est moins stable que celle de W, davantage encombrée de gloses dues, selon H. Skandar, à un premier état non ponctué ou semi-ponctué de cette traduction, les erreurs sur les lettres non ponctuées entraînant la nécessité de gloses explicatives. On peut aussi incriminer le souci pédagogique du traducteur ou d'un copiste, ou un passage par le copte. Mais en général, cette traduction suppose un texte grec proche de la recension IV, avec parfois des leçons B, ou plus rarement Éphrem. La collation de cette version, commencée par W. Strothmann ou restant à effectuer, offrirait donc un témoin d'appoint utile pour l'édition du grec. W. Strothmann en a montré l'intérêt et les difficultés dans son introduction aux pièces propres à l'arabe[21].

Tous les termes du Vat. ar. 84 (et des Sin. ar. 358 et 446) ici étudiés peuvent s'expliquer par le texte grec de la Collection IV : les différences entre les mots arabes traduisant les mêmes mots grecs s'expliquent par des choix de traduction différents, non par un modèle grec différent.

Rattachement de la version arabe à une Bible arabe, à un modèle grec ?

Les longues citations bibliques de la Grande Lettre ont-elles été traduites par le traducteur de la Collection IV, ou les a-t-il empruntées (de mémoire sans doute) à une Bible arabe qu'il utilisait ? À notre connaissance, d'après l'inventaire de Graf[22], les Bibles arabes ne sont pas encore objet d'éditions critiques. Hikmat Kashouh a commencé de classer par familles les manuscrits des Évangiles[23], dont les plus anciens

(Симеон Месопотамский), Духовные слова и послания: Собрание типа I, Издание подготовили А. Г. Дунаев и иеромонах Винсен Дэпрэ (Smaragdos Philocalias), Русский на Афоне Свято-Пантелеимонов монастырь, 2014, à paraître au monastère russe Saint-Pantéleimon du Mont Athos.

21 W. STROTHMANN 1975, p. 15–17, "Die Besonderheiten der arabischen Übersetzung".

22 Bibles polyglottes de Paris et de Londres, p. 93–96 ; pour l'Ancien Testament, le modèle de la Polyglotte de Paris fut pour l'essentiel le *Paris BnF, arabe* 1 (a. 1584/5). – P. 101–137 : Altes Testament ; 138–185 : Neues Testament (Evangiles 142–170 ; Praxapostolos 170–181 ; Apocalypse 182–184. – 185–195 Lectionnaires).

23 Hikmat KASHOUH, *The Arabic Versions of the Gospels. The Manuscripts and their Families*

conservés sont de la seconde moitié du VIIIe s. ou du IXe s.; nombreuses sont les bibles arabes au monastère Sainte-Catherine du Sinaï. La version arabe des Polyglottes de Paris et de Londres a pour modèle principal le Paris. ar. 1, manuscrit cairote composite[24]. On pourrait rechercher les textes de référence et les modèles des bibles arabes imprimées et électroniques. Mais ceci est une autre histoire.

II. Ébauche d'un lexique grec-arabe de la traduction arabe (Vatic. Arab. 84) de la Grande Lettre de Macaire-Syméon[25].

Certains mots grecs, composés ou avec préverbe (nous gardons l'ordre alphabétique grec), sont traduits par deux mots arabes : ainsi ἀπάθεια, ἀφθονία, μακροθυμία, μονότροπος, μονοτρόπως, ὀλιγοψυχία, ὁμόνοια, ὁμότροπος, ταπεινοφροσύνη dans deux cas. Le traducteur peine parfois à trouver des équivalents pour des synonymes trop proches (9, 92, voir ἁπλότης et ἀφελότης)°, ou il ne garde pas toujours le même équivalent, ainsi pour le but (qasd, \`azm, ġaraḍ, selon le contexte). Pour ταπεινότης, ταπεινοφροσύνη le plus souvent, ταπείνωσις, le traducteur ne distingue pas les synonymes grecs mais les rend alternativement par un des deux équivalents arabes

(*Arbeiten zur Neutestamentlichen Textforschung*, Bd. 42), Berlin-Boston, De Gruyter, 2012, 761 pages. – Je remercie Paul Géhin de m'avoir signalé cette étude.

24 Sur l'histoire de cette version, cf. Nasser GEMAYEL, *Les échanges culturels entre les maronites et l'Europe. Du Collège maronite de Rome (1584) au Collège de 'Ayn-Warqa (1789)*, Beyrouth 1984, ch. VIII, "Les maronites et la Polyglotte de Paris : Gibraîl al-Sahyûnî, Yuhanna al-H̠asruni et Ibrahim al-H̠âqilânî", t. 1, p. 217–240, retrace le déroulement de l'impression, mais passe sous silence le (ou les) manuscrit(s) source(s) de la version arabe. Selon le manuscrit *Paris BnF, Français* 5828, ff. 176r–197rv, mémoire de Guy-Michel Le Jay, cité p. 266–274, les auteurs de la version arabe de l'Ancien Testament sont Vittorio Sciala (Pentateuque), Gabriel Sionite et Abraham Ecchellensis. Bibliographie de Sionite et Ecchellensis : Gemayel 1984, t. I, p. 299–317 et 322–334. – Cf. *Orientalisme, science et controverse : Abraham Ecchellensis (1605-1664)*, sous la direction de Bernard HEYBERGER (*Bibliothèque de l'école des Hautes Études, Sciences Religieuses*, Volume 143), Turnhout, 2010, 24 x 16 cm, 236 p., ISBN 978-2-503-53567-8. Invité par Richelieu à collaborer à l'édition de la Bible polyglotte de Paris en 1640, Ecchellensis y resta un an et, parmi d'autres travaux, en procura l'achèvement et la parution (A. Vitré, 1645).

25 Nous citons notre texte critique grec de la Collection IV en préparation pour "Sources chrétiennes", mais donnons les références (chapitres et lignes cités) à l'édition de R. Staats 1984 de la *Grande Lettre* : MAKARIOS-SYMEON, *Epistola Magna. Eine messalianische Mönchsregel und ihre Umschrift in Gregors von Nyssa « De instituto christiano »*, herausgegeben von Reinhardt Staats (*AAWG* 134), Göttingen 1984 (donne en synopse la *Grande Lettre* et le *De Instituto christiano*) ; texte p. 86–181. – Nous citons les mots arabes d'après le *Sinaiticus ar.* 446, de 1, 1 à 1, 9 ; le *Sinaiticus ar.* 358 de 1, 9 à 3, 63 ; le *Vat. ar.* 84, à partir de 3, 63. Nous translittérons les caractères arabes avec les signes diacritiques de la *Grammaire de l'arabe classique* de M. GAUDEFROY-DEMOMBYNES et R. BLACHÈRE, Paris 1937, p. 19–20, mais citons les mots arabes d'après les graphies de Hans WEHR, *A Dictionary of modern written Arabic* (*Arabic-English*), edited by J. Milton Cowan, Ithaca 1994[4].

disponibles tawāḍu` et ittiḍā` (avec ḍa`a, qu'il réserve pour πραότης). On constate ainsi une quasi-équivalence entre douceur et humilité, souvent associées dans la Grande Lettre.

αἴνιγμα
ramz (signe, symbole, allusion) : 3, 153.

αἰνίσσομαι/ αἰνίττομαι (insinuer, dire à mots couverts) :
rasama (dessiner, esquisser) : 3, 147.
ramaza (faire signe, dire par signes, représenter symboliquement) : 3, 161.182 ; 7, 103 ; 8, 40.

αἰσθάνομαι
ḥassa, sentir : 13, 224.

αἴσθησις
iḥsas (sensation, sentiment, perception) : 9, 111.
[αἰσθητήριον (7, 63) est omis par W XL et le géorgien].

ἀκεραιότης
sa_dāja (simplicité, innocence, naïveté) : 6, 83 [est omis en 7, 58; traduit ἀφελότης en 11, 5]

ἀκριβής
ġaya (« par extrême limite ») 13, 79.

ἀκριβῶς
mubālaġa (avec exactitude) 13, 30.

ἄκρος
ġāya (extrême limite, extrémité, but, en constructions prépositionnelles) : 1, 25.44 ; 3, 29. 243 ; 5, 49 ; 7, 104 ; 13, 77.154.177 [13, 16 E seul].
awwal (premier) : 12, 9.
rafa`a (élevé) : 13, 130.
ġaraḍ_(cible, but) : 3, 188 ; 4, 39.

ἄκρως
ġāya (extrême limite) : 7, 35 ; 9, 68.
mubālaġa (exactitude) : 10, 1 ; (intensification, exagération) : 13, 30 (ἀκριβῶς B).

ἀναχωρέω
ṣarafa VII (quitter, abandonner) : 1, 21 ; 3, 52 ; 3, 66 ; 6, 11.

ἀναχώρησις
inṣirāf 3, 40.

ἀπάθεια
`adam āl ālam : GL 3, 248 ; 13, 47.127.

ἁπλοῦς
saḏāj (simple, innocent) : 1, 7 (comparatif).

ἁπλότης
[6, 40 et 7, 58 : om. W]
bāsaṭa (simplicité) : 6, 82 ; 7, 6 ; 8, 8 ; 9, 86 ; 11, 4.28.34.40.47.60.79.
ittiḍā` (humilité) :9, 79.
saḏāja (simplicité) : 9, 92 (traduit à la fois ἁπλότης et ἀφελότης).

ἀσκήσις
nusk (ascétisme, vie d'ascète) : 8, 1 ; 13, 155.

ἀσκητής
nāsik (pl. nussāk) (ascète, ermite) : 6, 38 et 69 [6, 43 lacune de W].
ἐξασκέω (παρθενίαν)
ḥadaqa (entourer, regarder, fixer) : 3, 52 + āl-batūlīya ; 3, 66 : + āl-ṭahāra.

ἀφελότης
ḍā`a (humilité, modestie [traduit aussi πραότης en 9, 92]) : 6, 83.
saḏāja (simplicité, innocence, naïveté [traduit ἁπλότης en 9, 92 et ἀκεραιότης en 6, 83] : 11, 5.
[omis en 9, 92 dans une énumération de synonymes].

ἀφθονία
faqada āl ḥasad (privation d'envie) : 9, 93.

βία.
taklif (trouble, contrainte, obligation) : 3, 146.
ahlu āl-qasr (acteurs de la contrainte, βιασταί) : 2, 57.

βιάζομαι.
qasaraVIII (forcer, contraindre [et kalafa II pour ἀναγκάζει]) : 9, 34 [9, 182 (E seul].

βίαιος (comparatif).
ašadd (plus sévère, plus dur :3, 68.
ašaddu ṣu`ūbahu (plus intense [est] leur obstination) : 3, 128.

διάθεσις
niyya (intention, détermination) : 7, 25 [48. Lacune]. 106 ; 8, 21 ; 11, 134 [11, 32, traduit προαίρεσις].
i`tiqād (croyance, conviction ; traduit le plus souvent φρόνημα] : 11, 33.

εἰλικρινεία
naqāwa (pureté) : 4, 19.

εἰλικρινής
naqīy (pur, limpide, sans mélange) : 2, 27 [7, 57 lacune].
ṣāfīy (clair, limpide) : 11, 134.

εἰλικρινῶς
iḫlāṣ (avec loyauté) : 13, 4 [même construction que E]. 149.
ṣāfīy (clairement) 11, 139.

ἐμπληροφορέω
qani`a (être convaincu) : 3, 249 ; 5, 23.38 ; 9, 65 ; 11, 130.

ἐμπόνησις
ta`āb (fatigue, peine) : 9, 108.

ἐνδιαθέτως
niyya (en intention) : 3, 187.

ἐπιτήδευμα
mihna (œuvre, occupation, métier) : 7, 97 ; 8, 1 ; 9, 77 ; 10, 12.
ṣanā'ī` (art, occupation, profession ; pluriel) : 3, 85 ; 12, 6.
`amal (œuvre, action) : 3, 94.145 ; 13, 65 [7, 71 lacune].

ἐπιτήδευσις
mihna : 2, 6 ; 6, 5 ; 11, 4 ; 13, 34 [7, 69 lacune].
īṣṭinā` (production, opération) : 11, 138.
[ἐπιτηδεύω 13, 127 lacune]

κάματος
ta`ab (labeur, dur travail, fatigue, peine) : 6, 77 ; 9, 35.88.95. 103.106.112.114.121 ; 11, 8.
`amal (travail, œuvre, labeur, travail pénible) : 6, 64 ; 9, 90.118 [7, 52 lacune].

κατορθόω
qūma II (dresser, redresser, corriger, disposer) : 7, 21.35 ; 13, 28.

κατόρθωμα
taqwīm (érection, élévation, redressement, correction) : 5, 10.24 ; 8, 17 ; 11, 130 ; 12, 6 ; 13, 99.

μακροθυμία
ṭūl āl-āna (longue souffrance, patience) : 9, 93.
ṭūl rūḥ (longueur de souffle) : 9, 110.

μονήρης
: āl-sīra āl-rahbānīya (l'observance du monachisme = τὸν μονήρη βίον) : 6, 2.

μονότροπος
: istiqāma āl-musāwin (la droiture égale) : 3, 148.
: istiqāma āl-ḥāla (d'une seule condition/état) : 3, 169.

μονοτρόπως
: `ala ḍarbin waḥidin (d'un seul coup, d'une seule battue, d'une seule espèce) : 3, 151.162.

ὀλιγωρία
: ṣiġār āl-rūḥ (petitesse de souffle) : 8, 13 (bis) ; 9, 54 ; 13, 94.

ὁμονοία
: ittifāq (coïncidence, accord) : 6, 83 ; 11, 83.
: muwāfaqa muafqa (conformité, assentiment) : 11, 57.

ὁμότροπος
: mutasāwin ḥāl (similaires de condition/état) : 11, 1.

παρθενία
: batūlīya (virginité) : 3, 52 (Sinaï 358) ; 6, 2 ; 9, 89.103.112.

πληροφορέω
: qani`a (être convaincu) : 5, 5 ; 9, 44 ; 13, 22.24.81.100.

πληροφορία
: ayqān [forme dérivée de yaqn, yaqan ?] (certitude, conviction,) 1, 47 ; 2, 17 ; 3, 205.208.246 ; 13, 214.
: īqtinā` (contentement, conviction) : 2, 17 ; 3, 31 ; 9, 111 ; 13, 94 [fausse conviction].231.

πόνος
: ta`āb (fatigue, peine) : 2, 36.54.63 ; 3, 146 ; 5, 27 ; 7, 15 ; 9, 61.94 [113 omis].126 ; 13, 92.107.133.
: naṣab (fatigue, peine) : 6, 5 ; 9, 74.89.118 ; 13, 32.
: imtidād (extension, dilatation) : 13, 42.
: ḥuzn (tristesse) : 13, 106.

πραότης
: ḍa`a (douceur, humilité) : 6, 58 [7, 58 lacune] ; 8, 5 (bis) ; 9, 92.136.

προαιρέομαι
: aṯara IV (choisir, préférer) : 9, 49.

προαίρεσις

niyyat (intention) : 11, 32 ; 12, 19 ; 13, 28.182.211.
iḫtiyār (choix, élection, libre volonté) : 2, 52.55.
maḥabba (amour) : 3, 6.
batta (décision) : 3, 168 [7, 54 ; 8, 25 lacune].

σκοπός

qaṣd (intention, aspiration, objet, but) : 1, 25 ; 2, 3 ; 3, 33.188.25° ; 4, 1.19 ; 5, 1.6.35 ; 6, 1.6 [10 lacune de W].71 ; 9, 1.192 ; 11, 2.133 ; 12, 5.9 ; 13, 3.33.40.45.78.91.120.123.131.
ġaraḍ (cible, but, intention) : 4, 40 ; 13, 219.
išāra` (signe, motion, geste, signal, conseil) : 9, 46.
`azm (ferme intention, résolution) : 5, 18.

σύνεσις

fahm (compréhension, intelligence) : 9, 118 ; 11, 88 ; 13, 139 .144.

συνετίζω

faqiha V (comprendre) : 13, 144.

ταπεινότης - ταπεινοφροσύνη (le plus souvent) - ταπείνωσις

tawāḍu` (humilité) : 6, 57.84 ; 11, 40.
ittiḍā` (humilité) : 9, 79.85.137 ; 9, 92.110; 11, 5 ; 13, 97.

ταπεινοφροσύνη (2 occurrences) :

tawāḍu`āl-ruya (humilité de l'opinion) : 6, 44 ; 11, 9.

φρονέω

ra'ā VIII (considérer, avoir l'opinion que) : 1, 48.
`aqad VII (être lié ensemble) : 13, 2.
`aqad VIII (être ferme, croire fermement) : 13, 142.

φρόνημα

i`tiqād (croyance, foi, conviction, credo, article de foi, dogme) : 6, 73.80 ; 9, 48 ; 13, 76.87.189 [traduit διάθεσις en 11, 33].
ru'ya (vision, opinion) : 13, 185.

ψαλμῳδία

tartīl (psalmodie) : 9, 90.

Pseudo-Macaire : Une source du Coran & Une mine de son exégèse

Hanna Skandar

Premier chapitre : *Pseudo-Macaire* est une source du *Coran*.

Première partie : Des thèmes en commun

Nous avons trouvé un grand nombre de thèmes assez importants communs entre *Pseudo-Macaire* et le *Coran*. Cependant, pour donner un bref aperçu sur le sujet, nous en avons sélectionné deux qui nous semblaient les plus représentatifs : « le "*Zikr*" ou le souvenir de Dieu » et l'Islam.

1 – Le « Zikr *» ou le souvenir de Dieu*

Le « *Zikr* » ou « la «*Mnèmè theou* », c'est-à-dire le souvenir de Dieu, est un pilier de base dans la vie monastique orientale. Cette expression apparaît d'abord dans la littérature grecque chrétienne avec un sens général et non technique : sous réserve de nuances plus précises, elle désigne « le souvenir de Dieu » en l'homme. Jean Cassien attire l'attention sur un usage spécifique : il s'agit de la prière parfaite du moine, du but que les moines de Scété s'efforçaient d'atteindre par « l'oraison continue »»[1]

Pour Origène, il faut libérer « l'homme intérieur » de toute impureté, « le convertir à la pénitence, rappeler en lui le souvenir de Dieu »[2].

Comme l'on voit, le souvenir de Dieu désigne d'abord, chez le *Pseudo-Macaire*, la prière de demande ; ensuite, et plus profondément, la conversion de l'esprit humain vers Dieu, la présence de l'esprit à Dieu, et donc une attitude ou un acte qui sous-tend toute activité spirituelle[3].

Pour donner une idée plus détaillée sur ce point, je vous propose de consulter l'article « *Mnèmè theou* » dans le « *Dictionnaire de spiritualité ascétique et mystique – doctrine et histoire* »[4], et le Pré des Moines… En parallèle, le *Coran* s'est fait appeler : "*Zikr*", ou le souvenir (de Dieu) béni pour les hommes, et leur prière.

1 *DS*, col 1407.
2 *DS*, col 1408.
3 *DS*, col 1408.
4 *DS*, col. 1407–1414.

Nous trouvons ainsi une analogie entre le *Coran* et *Pseudo-Macaire*. En voici quelques exemples :

- Le *Coran* a utilisé les termes : souvenir, souvenir de Dieu, souvenir du Seigneur 281 fois ; or dans le *Pseudo-Macaire* arabe V on en trouve 110, et dans W, 49. Donc c'est un sujet de base chez les deux.

- Le *Coran* et *Pseudo-Macaire* : deux livres pour le « *Zikr* »

Pseudo-Macaire	Le Noble *Coran*
« pour ne pas étendre (trop) longuement notre propos, vous nous avez demandé de vous tracer par un écrit ces points, en guise d'aide-mémoire/ rappel à se souvenir (*Hupomnèsis*) permanent de l'exercice/ méditation utile à l'âme »[5]	« Il est le *Coran* (lecture/livre) du souvenir »[6]. « Il est un Livre du souvenir »[7] « et un rappel »[8] « pour ceux qui aiment Dieu »[9]. « Rappelle, donc, là où le Rappel doit être utile »[10], « ou il (s) se souvient (souviennent) de Dieu et en profite »[11]. « Et rappelle; car le souvenir (de Dieu) profite aux croyants »[12].

- Les histoires des « hommes de Dieu » dans les livres saints

« Souvenons-nous de quelques récits des Écritures inspirées »[13]. « Et pour apporter une preuve de notre propos, souvenons-nous de ceci de quelle valeur sont quelques-uns des hommes de Dieu mentionnés dans les Écritures »[14]	« Nous te racontons des récits des messagers »[15]. et « des récits de ce qui s'est passé »[16], [dans l'histoire du salut/ dans la Bible] « en réalité »[17]

5 *W* 1, 1, 2.
6 *Coran* 38, 1.
7 *Coran* 36, 69.
8 *Coran* 80, 11.
9 *Coran* 69, 48.
10 *Coran* 87, 9.
11 *Coran* 80, 4.
12 *Coran* 51, 55.
13 *W* 2, 3, 23.
14 *W* 11, 3, 1.
15 *Coran* 11, 120.
16 *Coran* 20, 99.
17 *Coran* 21, 2.

– L'œuvre du Christ en résumé

« Souvenons-nous et considérons comment le Seigneur, séjournant parmi nous dans sa bonté, rendit la vue à des aveugles, guérit des paralytiques, soigna toute maladie, ressuscita des morts déjà sujets à la corruption et à la décomposition, fit entendre des sourds, chassa d'un seul homme une légion de démons et rendit à son bon sens celui qui était arrivé à une telle folie »[19].	« Dieu a dit: « Souviens-toi, Jésus, fils de Marie, de mes dons pour toi et pour ta mère, Je t'ai confirmé par l'Esprit Saint et, tout en faisant ma volonté, tu as guéri l'aveugle de naissance et le lépreux, et tu as ressuscité les morts »[18].

– Job

« Souvenons-nous de Job lorsque Satan l'a demandé à Dieu… et il l'a accablé de souffrance de sa tête jusqu'au bout de son pied »[21]	« souviens-toi de notre serviteur Job lorsqu'il interpella son Seigneur: « Le Démon m'a accablé de peine et souffrance »[20]

Le « Zikr » : la voie heureuse

Pour *Pseudo-Macaire* « l'expression «*Mnèmè theou* » peut d'abord désigner chez lui une prière. En relation avec *Jean* 15,5, la « mémoire pieuse » désigne la prière qui doit précéder toute activité humaine. Nous ne devons pas agir sans discernement, mais d'abord »[22].

« prier Dieu et tâcher de tout faire pour lui ; car nous sommes dans la voie heureuse là où nous l'invoquons. Conscient de son impuissance, l'homme se souvient de la toute-puissance de Dieu et l'appelle à son aide »[23].	et soyez de ceux-là : « Lorsqu'on souvient de Dieu, ils exultent »[24]. Donc: « Souvenez-vous de Moi, Je me souviendrai de vous ! croyez en Moi, et ne Me reniez pas »[25] ; et « sans Dieu, personne ne peut secourir l'homme, et il ne put se secourir lui-même »[26].

18 *Coran* 5, 110.
19 *W* 5, 6, 3.
20 *Coran* 38, 41
21 *V questions*, n° 33.
22 *DS*, col 1408.
23 *DS*, col 1409.
24 *Coran* 39, 45.
25 *Coran* 2, 152.
26 *Coran* 18, 43.

– Malheur à ceux qui oublient le souvenir de Dieu.

« malheureux là où nous oublions le souvenir de Dieu »[27].	« Malheur à ceux dont les cœurs endurcis (omettent) le souvenir de Dieu »[28]. Et « lorsqu'il est fait souvenir de Dieu, leurs cœurs se répulsent »[29].et « ils tournent le dos »[30].

– La « *Mnèmè theou* » est distinguée nettement de la prière de demande.
« La « *Mnèmè theou* » est caractérisée comme l'attitude spirituelle capitale »[31].
Et c'est le même cas pour le *Coran* :

« Le chrétien (moine) doit toujours garder la mémoire de Dieu non seulement « dans l'église, mais encore en marchant, en parlant, en mangeant », elle doit être ininterrompue car en elle le *noûs* (intellect) se détourne du monde et se tourne vers Dieu »[32].	« Pour ceux qui se souviennent de Dieu debout, assis ou à genoux et qui méditent sur la création des cieux et de la terre »[33]. « Priez, donc, en marchant, ou en chevauchant »[34].

– Satan fait tout pour écarter l'homme du souvenir de Dieu

« Satan fait tout pour écarter le chrétien (moine) du souvenir de Dieu »[35],	« Le Diable veut vous détourner du souvenir de Dieu et de la prière »[36]. « jusqu'à l'oublier »[37], « Dieu désigne, pour chacun, un diable qui devient son compagnon inséparable »[38].

– La méditation et la prière du cœur :
Ces deux pratiques sont mentionnées à la fois dans le *Coran* et chez le *Pseudo-Macaire*.

27 *DS*, col 1409
28 *Coran* 39, 22.
29 *Coran* 39, 45.
30 *Coran* 17, 46.
31 *DS*, col 1409.
32 *DS*, col 1409
33 *Coran* 3, 191.
34 *Coran* 2, 239.
35 *DS*, col 1409.
36 *Coran* 5, 91.
37 *Coran* 23, 110.
38 *Coran* 43, 36.

« Et ainsi, ce que cet homme pratique maintenant en se faisant violence, quand son cœur ne le veut pas, en s'habituant constamment au bien, en se souvenant toujours du Seigneur et en l'attendant avec un grand amour »[39]	« Invoque ton Seigneur secrètement en ton for intérieur, tacitement, matin et soir »[40]. « n'est-ce pas par le souvenir de Dieu que les cœurs des croyants s'apaisent »[41].

– « Souvenir du Seigneur »
« Macaire emploie aussi la formule « *mnèmè kyriou* » ; il s'agit alors du souvenir de Jésus »[42]. Le *Coran* emploie L'expression même « souvenir du Seigneur », mais ce n'est pas sûr qu'il désigne le Christ.

« un incessant souvenir du Seigneur »[43]	« souvenir de leur Seigneur »[44].

– Evagre le pontique et le *Coran*

« Chez Evagre ce qui empêche que le souvenir de Dieu s'établisse dans l'âme, ce sont le commerce, les affaires, les rencontres d'amis, la société des hommes, le travail manuel, les besoins superflus »[45]…	« O vous, qui croyez ! Quand on vous appelle à la prière du vendredi, accourez souvenir de Dieu ! Interrompez tout négoce »[46] « Que ni vos biens ni vos enfants ne vous distraient du souvenir de Dieu »[47], « ni le négoce, ni le troc »[48].

39 *W* 21, 1, 4.
40 *Coran* 7, 205.
41 *Coran* 13, 28.
42 *DS*, col 1409.
43 *W* 1, 7, 2. 7; *W* 21, 4, 1.
44 *Coran* 3, 40; 43, 13; 72, 17; 73, 8; 76, 25; 87, 14.
45 *DS*, col 1409.
46 *Coran* 62, 9.
47 *Coran* 63, 9.
48 *Coran* 24, 37.

2 – L'Islam

Définition

Islam veut dire se livrer/ se donner/ se consacrer. Il s'agit donc de se livrer/ se donner/ se consacrer à la volonté de Dieu. L'expression se livrer/ se donner/ consacrer son esprit[49] ou sa personne à la volonté de Dieu[50] est mentionnée 60 fois, chez le *Pseudo-Macaire* arabe, sous différentes formes. Cette notion est commune aux deux textes mentionnés : le *Pseudo-Macaire* et le *Coran*. « Chacun de nous est appelé à se livrer/ se donner/ se consacrer à la volonté de Dieu dans toutes ses affaires »[51] . Et « les croyants doivent se livrer/ se donner/ se consacrer entièrement à Dieu, le croire et avoir foi en Lui »[52] .' « Ils doivent venir vers Dieu et livrer leurs esprits pour qu'ils reçoivent le salut »[53]. « Livrons nos personnes entièrement à Dieu », nous dit le texte. « Livrons nos esprits »[54] « pour plaire à Dieu »[55] et « donnons notre être à Dieu sans partage »[56] .

Nous savons aussi que l'expression coranique « j'ai livré/ donné/ consacré ma face (personne) à Dieu » porte le même sens, parce que le mot Face dans le *Coran* veut dire l'Etre tout entier et non seulement le visage. Nous savons qu'il est d'usage chez les sémites de désigner l'être en entier par une partie du corps, comme l'œil ou le cœur ou le rein[57]. Les traducteurs du *Coran* ont traduit parfois le terme face par personne[58], ou par dessein[59]; et une fois par face[60], et lorsqu'on parle de la face de Dieu[61].

Nous pouvons donc conclure que l'expression « se livrer/ se donner/ consacrer sa face » est synonyme de « soumettre/ livrer/ donner/ consacrer sa personne » ou « son esprit »

La traduction arabe des termes grecs : *δεδωκώς*, *ἐπιδίδωσι*, qui signifient: se donner/ se livrer, est « *'aslama* » ou « *dafa'a* ». Tous ces sens exprimeraient donc la consécration entière à Dieu, que ce soit par la prophétie, la prédication, l'enseignement ou même en consacrant sa vie à la vie monastique comme l'aurait fait, fort probablement, Mahomet lui-même. Le Prophète aurait annoncé son « islam », donc sa consécration, après avoir intégré la vie monastique et lu le livre de *Pseudo-Macaire*, puisque ce livre incite à la soumission/consécration entière de la

---

49 *V*, p 91r.
50 *V*, p 91v.
51 *V*, p 142v.
52 *V*, p 94r.
53 *V*, p 165v.
54 *V*, p 117v.
55 *V*, p 116v.
56 *V*, p 121v.
57 Cf. *l'Homme selon la Bible*, pp. 9–18.
58 *Coran* 2, 112; 4, 125.
59 *Coran* 10, 105; 3:20.
60 *Coran* 6, 79.
61 *Coran* 2, 115; 2, 272; 6, 52; 13, 22; 28, 88.

volonté, de la personne et de l'esprit au Dieu tout-puissant. Pour étayer notre hypothèse, nous avons trouvé ces versets du *Coran* qui démontrent qu'il existe une forme de l'Islam qui a précédé l'Islam actuel.

Les musulmans avant le Christ

Selon le *Coran*, l'Islam n'existe pas seulement avant le prophète des musulmans, mais il est aussi venu avant même la naissance d'Abraham. Noah / Noé « a reçu l'ordre d'être de ceux qui se livrent/ se donnent/ se consacrent »[62]. Dieu, qui a fait sortir de Sodome « les croyants qui y demeuraient, n'y a trouvé qu'une seule maison habitée par des hommes consacrés à Dieu »[63].

« Abraham n'était ni juif ni chrétien, mais il était un étranger (au monde), soumis à Dieu »[64] « Lorsque son Seigneur lui dit : « livre-toi !», il répondit : « Je me livre au Seigneur des mondes »[65]. Et avec Isaac son fils, « ils ont fait leur soumission »[66]. Il a prié avec Ismaël : « Notre Seigneur ! Fais de nous deux des croyants qui Te soient soumis ; et fais de notre descendance une communauté qui Te soit soumise »[67]. « Et Jacob a adressé à ses fils : « O mes fils ! Ne mourez que soumis à Lui »[68]. Et ils lui dirent : « Nous adorerons ton Dieu et le Dieu de tes pères : Abraham, Ismaël et Isaac, un Dieu unique !, et nous Lui serons soumis »[69].

Et Joseph demande à Dieu : « Et fais-moi mourir en état de soumission/ consécration »[70]. Et les juifs, torturés en Egypte par Pharaon, ont prié : « Fais-nous mourir en état de soumission/ foi »[71]

« Moïse dit : « O mon peuple ! Si vous croyez en Dieu, remettez-vous-en à Lui si vous Lui êtes soumis »[72].

« Désirent-ils une autre religion que celle de Dieu, alors que tout ce qui est dans les cieux et sur la terre se soumet à Lui, de gré ou de force, et qu'ils seront ramenés à Lui »[73]. « Dites : « Nous croyons en Dieu, à ce qui nous a été révélé, à ce qui a été révélé à Abraham, à Ismaël, à Isaac, à Jacob et aux tribus ; à ce qui a été donné à Moïse et à Jésus ; à ce qui a été donné aux prophètes venant de leur Seigneur. Nous ne faisons pas de différence entre eux ; nous Lui sommes soumis » »[74].

62 *Coran* 10, 72.
63 *Coran* 51, 35–36.
64 *Coran* 3, 67.
65 *Coran* 2, 131.
66 *Coran* 37, 103.
67 *Coran* 2, 128.
68 *Coran* 2, 132.
69 *Coran* 2, 133.
70 *Coran* 12, 101.
71 *Coran* 7, 126.
72 *Coran* 10, 84.
73 *Coran* 3, 83.
74 *Coran* 2, 136.

En somme, tous les Pères et les prophètes de l'Ancien Testament sont musulmans, puisqu'ils se sont soumis à la Volonté du Dieu Tout-Puissant et croient en Lui.

Les chrétiens sont tous musulmans

Le mot « musulman » n'a pas été prononcé par le Seigneur Jésus dans le *Coran*, même si, selon les évangiles, il a passé sa vie dans une soumission totale à Dieu, ne faisant que la Volonté de Dieu son Père, le Dieu qui l'a envoyé sur terre. Et ceci, jusqu'au dernier souffle de sa vie, quand il a remis son esprit entre les mains de Dieu. Cependant les Apôtres, qui ont formé l'Eglise ou ceux qui sont devenus chrétiens, « témoignent qu'ils sont musulmans »[75]. Là encore, nous comprenons que l'Islam n'est rien d'autre que le fait de se livrer entièrement, d'une façon radicale et absolue, à la volonté de Dieu et de lui obéir totalement.

Les musulmans de Mahomet

Le Prophète des musulmans a donc continué ce qui a été entamé bien avant lui en se proclamant musulman et en annonçant : « on m'a ordonné de me livrer au Seigneur des mondes »[76], « et d'être parmi ceux qui sont consacrés »[77], et « j'ai reçu l'ordre d'être le premier d'entre eux »[78], « et d'être leur chef »[79]. Il a invité les gens à l'Islam : « Qui donc professe une religion plus belle que l'Islam »[80], « quiconque livre à Dieu sa personne »[81] « et fait le bien aura sa récompense auprès de son Seigneur »[82]. « S'il en est qui argumentent contre toi, dis-leur : « J'ai remis mon dessein à Dieu, moi et ceux qui m'ont suivi ». Dis aux juifs et aux grecs : « Vous êtes-vous consacrés à Dieu ? ». S'ils se sont consacrés à Dieu, ils sont bien guidés »[83]; «Votre dieu est un Dieu unique ! Livrez-vous donc à Lui »[84], « et nous Lui sommes consacrés »[85]. « Revenez vers votre Seigneur ! Livrez-vous à Lui avant que le châtiment ne vous atteigne, car, ensuite, vous ne seriez pas secourus »[86]. « Le meilleur est celui qui implore Dieu, agit vertueusement et s'écrie : « Accorde-moi une descendance vertueuse. Je suis revenu à Toi et, assurément, je compte parmi ceux qui Te sont consacrés »[87]. « Ceux qui croient en Nos merveilles et qui Nous sont consacrés »[88]

75 *Coran* 3, 52.
76 *Coran* 40, 66.
77 *Coran* 27, 91.
78 *Coran* 6, 14.
79 *Coran* 6, 163.
80 *Coran* 4, 125.
81 *Coran* 2, 112.
82 *Coran* 2, 112.
83 *Coran* 3, 20.
84 *Coran* 22, 34.
85 *Coran* 29, 46.
86 *Coran* 39, 54.
87 *Coran* 46, 15.
88 *Coran* 43, 69.

« entrent au Paradis »[89]. « Les mécréants regretteront-ils de ne pas s'être consacrés à Dieu »[90]. « Votre père Abraham. C'est Lui qui vous a dénommés « Musulmans », autrefois déjà »[91], « Attestez que vous êtes consacrés »[92]. Ne mourez qu'étant consacrés à Dieu »[93]. « Certes, ceux qui sont consacrés à Dieu et celles qui Lui sont consacrées, pour eux Dieu a préparé un pardon et une magnifique récompense »[94]. « Celui qui recherche une religion autre que l'Islam, son désir n'est pas exaucé et, dans la vie future, il sera parmi les perdants »[95].

Au final, nous clôturerons en résumant ce qui a été énoncé : l'Islam est la soumission totale à la volonté de Dieu et l'obéissance radicale et absolue. Cet Islam du *Coran* est le même Islam que celui du *Pseudo-Macaire*, ce qui nous pousse à dire que le mot « musulman » était attribué aux moines, et surtout à ceux qui suivaient la voie du *Pseudo-Macaire* et ont lu ses écrits. Ces moines-là se faisaient appeler musulmans, pour rendre hommage aux Pères et aux prophètes musulmans mentionnés dans la Bible.

Deuxième partie : Des textes qui se ressemblent

Il est fort probable qu'il y a des points communs entre le *Coran* et le *Pseudo-Macaire*. Mais est-ce que l'on sait si le milieu dans lequel le *Coran* est apparu a connu *Pseudo-Macaire* ? Ou bien est-ce que la traduction arabe du texte du *Pseudo-Macaire* a été influencée par le *Coran* ? Si on arrive à prouver la première éventualité, ceci équivaut à dire que le texte arabe du *Pseudo-Macaire* a été rédigé avant la fin du VIe siècle. Dans tous les cas de figure, nous ne pouvons pas négliger le fait qu'il y a des similarités surprenantes entre les deux textes. J'en citerai deux :

1 – Un verset identique dans son sens et sa construction

Explication des textes

Avant de mettre le *Coran* en parallèle avec le *Pseudo-Macaire*, et avant de commenter, exposons le sens traditionnel de ce verset coranique :

> « Et ils ont désigné des associés à Dieu : les djinns, alors que c'est Lui qui les a créés. Et ils Lui ont inventé, dans leur ignorance, des fils et des filles, Gloire à Lui ! Il transcende tout ce qu'ils lui ont attribué »[96].

89 *Coran* 43, 70.
90 *Coran* 15, 2.
91 *Coran* 22, 78.
92 *Coran* 3, 64.
93 *Coran* 3, 102.
94 *Coran* 33, 35.
95 *Coran* 3, 85.
96 *Coran* 6, 100.

Ce verset coranique, qui est formé de quatre parties et qui rassemble *Rm.* 1,25, le Ps. 106, 37, *Ac.* 3, 17, et *Rm.* 1,28, se trouve également chez le *Pseudo-Macaire*, surtout dans *V*, 33. Cette similitude est intrigante. On se demanderait comment ces deux textes ont pu se copier l'un l'autre, ou se rencontrer spontanément, ou copier des sources semblables... Cependant, les points sur certaines lettres du *Coran* devraient être changés pour que le sens devienne similaire. Par exemple, le terme «حرفوا» qui était au début sans ponctuation, a été ponctué par les copistes : *ḫaraqū* « خَرَقُوا » qui signifie au sens strict percer et au sens figuré, selon des exégètes musulmans comme Tabary : « qu'ils ont été attribués injustement et sans fondement à Dieu », tandis que d'autres copistes : « selon Ibin Omar et Ibin Abbas, l'ont ponctué : *ḥarrafū* « حرَّفوا », ce qui signifie qu'ils ont falsifié et triché, parce que le trompeur est celui qui transforme la vérité en duperie ». Il pourrait également être lu, selon notre interprétation : *ḥaraqū* « حَرَقُوا » ce qui signifie : Ils ont sacrifié/ immolé. Le texte nous raconte donc qu' ils ont égorgé leurs enfants et les ont brulés devant les idoles qui représentent Satan. cOr, dans la même sourate, l'expression : « Ceux qui ont tué leurs enfants »[97] énonce clairement que leurs enfants ont été tués. Selon Tabary, célèbre exégète musulman : « Ici ils ont tué leurs enfants, cela veut dire : ils les ont sacrifiés aux idoles », donc, ce qui est un rappel, probablement de ce qui a précédé : « Ils ont sacrifié leur fils et filles ». Donc la dernière lecture semble la plus logique. Et on ajoute une autre preuve, c'est la répétition de l'expression « sans le savoir ».

Il serait également préférable de remplacer le terme *yaṣifūn* « **يصفون** » qui signifie « Ils ont décrit » par le terme *yaṣna'ūn* « **يصنعون** », c'est-à-dire : « Ils ont fait », parce que les hommes qui ont voué des cultes au diable l'ont fait en offrant leurs enfants en sacrifice, donc c'est un fait/ une action et pas une description. Dieu n'est donc pas responsable de leurs actes. Le terme «*yaṣifūn*» qui signifie « décrire » ne semble pas assez fort.

Le terme «*yaṣifūn*» paraît six fois dans le *Coran*, et une seule fois «*taṣifūn*». Le sens de ces termes est probablement «*yaṣna'ūn*» ou «*taṣna'ūn*» ce qui signifie : faire. Par exemple, dans la Sourate des prophètes, et après que l'expression «*'ammā yaṣifūn*», c'est--dire : « de ce qu'ils décrivent », à la fin du verset 22, est suivie dans le verset suivant : « Lui (Dieu) n'est pas questionné sur ce qu'Il **fait**, mais eux (les hommes) sont questionnés »[98] (sur ce qu'ils ont **fait** et non pas de ce qu'ils ont décrit). En plus, c'est le sens du verset 35 du *Ps* 106 : « Ils apprirent les **œuvres** des nations ».

Donc, l'utilisation du verbe : *yaf'al* « يَفْعَل », « faire », dans le verset 23, nous pousse à déduire que le mot *yasna'ūn* « يصنعون », qui signifie « faire », est plus adapté au sens général du *Coran* que «*yasifūn*», « يصفون » qui est, probablement, une faute de ponctuation.

Donc, voilà notre nouvelle lecture de ce verset, en se basant sur le *Pseudo-Macaire* :

97 *Coran* 6, 140.
98 *Coran* 21, 23.

« Et ils (les hommes) ont intronisé Satan (représenté par les idoles) comme partenaire de Dieu : alors que c'est Lui (Dieu) qui les (les idoles) a créées. Et ils (les hommes) Lui (Satan) ont sacrifié/ immolé, sans le savoir, des fils et des filles, Dieu est innocent de tout ce qu'ils (les hommes) ont fait « .

Pour avoir une idée plus précise, nous avons comparé 5 textes en 5 colonnes : 3 versets du psaume 106, deux du *Pseudo-Macaire* et deux du *Coran*. Nous nous sommes également référés au texte syriaque qui a été publié par Strothmann, puisque l'original grec de l'homélie 33 est perdu, et ceci dans le but de bien cerner le sens précis du texte arabe du *Pseudo-Macaire*. Il en ressort que le Pseudo-Macaire surtout H 33, est plus proche du Coran que le Psaume 106. Nos arguments sont les suivants :

- L'ordre des idées diffère : pour mettre les textes en parallèle il faut ranger ainsi les versets du Psaume 106 : 36, 37, 35.
- Une partie des versets 35 et 36 n'a pas d'équivalent dans le *Coran* ni chez le *Pseudo-Macaire*.
- L'interprétation : «plus que leur Créateur» (*Pseudo-Macaire*) ou « alors que c'est Lui (Dieu) qui les (les idoles) a créées » (*Coran*) n'existe pas dans le *Ps* 106.
- L'interprétation : « comme des dieux » (*Pseudo-Macaire*) ou « comme partenaire de Dieu » (*Coran*) n'existe pas dans le *Ps* 106.
- L'interprétation : « Sans le savoir » (*Pseudo-Macaire et Coran*) n'existe pas dans le Psaume 106.
- L'interprétation: « ce qui ne convient pas » (*Pseudo-Macaire*) « Dieu est innocent/loin/ absent » (*Coran*) n'existe dans *Ps* 106.

Donc il est fort probable que le milieu du *Coran* a connu le *Pseudo-Macaire*.

Les textes en colonnes

Psaume 106	*W* 17, 2, 2 & *V* 4, 2, 2	*V*, 33	*Coran* 6,100	*Coran* 6,140
36. Et ils (les juifs) servirent/ adorent leurs (les nations) idoles,	Les hommes se sont dévoyés et en sont venus à adorer les démons.	ils ont adoré les créatures (les idoles)	ils (les hommes) ont intronisé/ divinisé Satan (représenté par les idoles)	
		comme des dieux	comme partenaire de Dieu	

Psaume 106	*W* 17, 2, 2 & *V* 4, 2, 2	*V,* 33	*Coran* 6,100	*Coran* 6,140
et elles (les idoles) leur furent en piège;				Ils ont perdu [le ciel…]
		Plus que leur Créateur (Rm 1, 25)	Alors que c'est Lui (Dieu) qui les (les idoles) a créées.	
37. Et ils sacrifièrent leurs fils et leurs filles aux démons,	Les hommes ont immolé leurs fils et leurs filles aux démons	et sacrifié aux démons leurs fils et filles,	Et ils (les hommes) Lui (Satan) ont sacrifié des fils et des filles,	ceux qui ont tué leurs enfants
		sans le savoir, (Ac 3, 17)	sans le savoir,	Par sottise et sans le savoir,
35 ▪ Mais ils se mêlèrent parmi les nations,				
et ils apprirent leurs œuvres ;		Tandis qu'ils agissaient selon leur pensée réprouvée,	de tout ce qu'ils ont fait.	
		ce qui ne convient pas. (Rm 1, 28)	Dieu est innocent/loin/ absent	

2 – Moïse, le Pharaon, le bâton et le serpent

Explication des textes

L'analogie entre le *Coran* et le texte du *Pseudo-Macaire* est visible, surtout si on s'arrête sur trois points essentiels :

- *'alā l'arḍ* «على الأرض» ou « par terre ». Cette expression n'existe ni dans le *Coran* ni chez le *Pseudo-Macaire*.
- Dieu n'a pas dit à Moïse, selon la Bible : « N'aie pas peur ».

- les expressions: « étends ta main », « Il étendit la main », « dans sa main » n'existaient que dans la Bible.
- L'usage du terme : *tas'ā* «تسعى», à la lettre entre le *Coran* et le *Pseudo-Macaire*, qui est absent, en même temps, dans la Bible.

Le terme *sa'ā* «سعى», selon les lexiques arabes, a le sens de « Rechercher, courir, travailler, gagner, viser, marcher »[99]. Or il est à noter que le terme *sa'ā* «سعى» est mentionné 5 fois dans W. Tandis que dans V, on voit le terme *jarā* «جرى» 3 fois, et une fois *sa'ā* «سعى», comme traduction du terme grec « *δρόμον/ τρέχειν* » qui signifie « course/ courir ».

Dans le *Coran*, on a trouvé le même sens dans 18 des 20 occurrences qu'on a relevées :

- 10 fois au sens de « travailler » et « faire »[100]. C'est un sens figuré qui dérive de « courir pour faire un effort », ou « chercher sans cesse pour travailler ».
- 8 fois au sens de « courir »[101],
- et ceci est important :
- 2 fois dans le sens de : « ramper »[102]. Ce sens se retrouve chez le *Pseudo-Macaire*.

Le *Pseudo-Macaire* arabe a traduit le verbe grec « *ἕρπω* » qui signifie « ramper », par: *tas'ā* «تسعى», qui signifie : courir. Cependant, le terme grec : « *χαμερπῆ* »[103] composé de « par terre » + « ramper », *tasḥab*, «تسحب» a été traduit textuellement en arabe ; donc, pour le traducteur, ce sens se conforme avec « ramper » et non avec « courir ».

On déduit que l'usage du terme « courir », *tas'ā* «تسعى» au lieu de « ramper », *tasḥab*, *tazḥaf* «تسحب، تزحف» est probablement une faute des copistes quand ils ont translittéré des lettres syriaques en arabe ; on trouve souvent des variantes entre le «'» «ع» et le «ḥ» «ح», faute phonétique entre le «s» «س» et le «z» «ز», entre «b» «ب» et «f» «ف» et *l'alef* courbé «ى».

Donc, fort probablement, on peut supposer que le *Coran* a copié la faute du *Pseudo-Macaire* telle qu'elle. On en déduit que ceci pourrait être une preuve que le *Pseudo-Macaire* arabe a précédé le Noble *Coran*.

Les textes en colonnes

Voici les textes disposés en trois colonnes, bien qu'on trouve une glose dans le *Coran*. On voit la similitude entre le *Coran* et le *Pseudo-Macaire*:

---

99 *Aṣṣaḥḥāḥ fī lloġat, Al-qamūs al-mohīt, lisān Al-'arab.*
100 *Coran* 20,15; 34, 38; 79,35; 53,39; 17,19; 5, 33 et 64; 2,114.
101 *Coran* 66, 8; 57, 12; 36, 20; 28, 20; 79, 22; 2, 205; 62, 9; 80, 8.
102 *Coran* 20, 20 et 66.
103 *W* 2, 12, 4.

Exode 4, 2–4	Pseudo-Macaire, *X* et *W* : 2, 12/14	*Coran* 20, 17–21
Dieu lui dit : Qu'y a-t-il dans ta main ?	« Que tiens-tu dans ta main ?»	« Que tiens-tu donc dans ta main
		droite,
		ô Moïse ?»
Il répondit : Un bâton.	dit-il (Dieu). Il répondit : Un bâton.	Il répondit : « C'est mon bâton,
		sur lequel je m'appuie et avec lequel je rabats le feuillage vers mes moutons; il me sert encore à d'autres usages ».
Dieu dit : Jette-le	Dieu lui dit : Jette-le ;	Dieu dit : « Jette-le,
		ô Moïse !»
par terre.		
Il le jeta	il le jeta	Il le jeta,
par terre,		
et il devint un serpent.	et voici qu'il devint un serpent	et le voici devenu un serpent
	Qui **rampait** ; *tas'ā*	qui rampait. *tas'ā*
Moïse fuyait devant lui	Moïse, effrayé, prit la fuite.	
Dieu dit à Moïse :	Et Dieu lui dit :	Dieu dit :
« Étends ta main,		
et saisis-le	« saisis-le	« Saisis-le
par la queue ».	par la queue,	
	N'aie pas peur	et N'aie pas peur !
Il étendit la main		
et le saisit et le serpent redevint un bâton	Et, quand il l'eut saisi, il redevint bâton ».	Nous le ferons revenir à sa forme première ».
dans sa main.		

Deuxième chapitre : *Pseudo-Macaire* est une mine pour l'exégèse du *Coran*

Les manuscrits du *Pseudo-Macaire* nous éclairent sur trois points essentiels :

- L'alphabet arabe, son origine syriaque et le karšūny.
- La ponctuation des consonnes.
- La confusion entre les lettres.
- La découverte de nouveaux mots qui n'existaient pas dans le dictionnaire arabe, dans le sens du *Pseudo-Macaire*.

Ces découvertes pourraient donner un nouveau sens à plusieurs versets Coraniques.

Première partie : Le karšūny

1 – Aperçu historique

Mahomet a dit à Zaïd ben Ṯabet : « je reçois souvent des lettres, je n'aime pas qu'il ??? soit lu par n'importe qui »[104], « j'ai peur qu'ils négligent ou qu'ils ajoutent »[105]. Tu pourras apprendre le livre (l'écriture) syriaque ? Zaïd a répliqué : oui. Et Il l'a appris »[106] « en 15 »[107] ou « 16 »[108] ou « 17 jour s»[109]

Ce texte a retenu notre attention :

- il nous donne, en fait, une preuve probable, que les textes arabes étaient écrits en lettres syriaques c'est-à-dire en karšūny.
- Cette langue, que Zaïd a apprise aussi rapidement, est utile pour lire et écrire, mais non pour parler. Il est impossible d'apprendre une langue en si peu de temps. Donc Zaïd a étudié l'alphabet syriaque pour l'utiliser en écriture arabe.

On peut ajouter de nouveaux arguments qui nous font prendre conscience de la parenté entre le syriaque/ karšūny et l'arabe :

- L'attachement/ la ligature entre les lettres qui forment un seul mot est semblable dans l'arabe et le syriaque/ karšūny. Au contraire, les lettres sont autonomes dans le phénicien, l'araméen, l'hébreux, le copte, l'arménien, le grec, le latin… quand elles forment les mots : *ḥašyšokom* = حشيشكم; = حشيشكم; *ḥalimto* = حلمت = .حلمة…

---

104 *Kanzo l'ommāl fy sonani l'aqwāl wal'af'āl*, 13, 396; 37059.
105 *'Almontaḥab min Masnad 'Abid bin Ḥamyd*, p 108.
106 *Kanzo l'ommāl fy sonani l'aqwāl wal'af'āl*, 13, 396; 37059.
107 'Aṯṭaḥḥāwy, *Mošakkal 'Āṯār*, 5, 46 ; 1720.
108 'Aṯṭaḥḥāwy, *Mošakkal 'Āṯār*, 5, 45 ; 1719 ; Masnad bin 'Aby šybat, 1, 146 ; 138 ; *'Iṭrāfi lmasnadi lmo'taly bi'aṭrāfi lmasnadi lḥambaly*, 4, 6 ; 2370.
109 *Ma'rifat aṣṣaḥābat*, 8, 172 ; 2542 ; *Kanzo l'ommāl fy sonani l'aqwāl wal'af'āl*, 13, 396; 37059 ; *'Almontaḥab min Masnad 'Abid bin Ḥamyd*, p 108.

- La forme des lettres change si elles sont au début ou au milieu ou à la fin des mots : aklaka = اكلك; = اكلك ...
  - Les lettres, qui sont attachées d'un seul côté, sont les mêmes dans le syriaque et l'arabe : '= ا = ا; d = د = د; w = و = و; z = ز = ز; r = ر = ر; t = ة = ة; il ne nous reste que ṣ = أ = ـصـ; en plus h = ۏ représenté par ه = ة: *fararto* = فررت = فررة.

2 – Changement des lettres

Les manuscrits karšūny, sont les plus tardifs (1670, 1804, 18ème s.), mais l'antigraphe ou le modèle des manuscrits arabes, qui sont les plus anciens (998, 1055, 1182, 12ème s…), est en karšūny. En voici quelques preuves :

Les lettres de l'alphabet arabe sont au nombre de 28, mais celles de l'alphabet syriaque sont 22. Les six lettres: ṯ ـثـ , ḍ ـضـ , ẖ ـخـ , ḏ ذ . ẓ ظ , ġ ـغـ qui sont propres à l'alphabet arabe, ont posé un problème pour les copistes arabes qui ont utilisé le karšūny. C'est pourquoi ils ont utilisé le ج syriaque «g» à la place de « ğ » et de « ġ » arabes.

Ils ont mélangé entre les lettres: t ت et ṯ - ث = ة; d د et ḏ ذ = د ; k ك et ẖ خ - = ک; ṣ ص, ḍ ض = أ ; ṭ ط et ẓ ظ = ط ; mais ensuite, ils les ont distinguées par la ponctuation, sauf : د , déjà ponctué, qui est resté le même. Voici quelques exemples de ce qui subsiste de ce mélange dans les manuscrits arabes :

entre: ṣص, ḍض , ṭط et ẓظ

VPL^1: *Maẓfūrat* مظفورة ; T: *Maḍfūrat* مَضْفُورَة; L^2: *Maṭfūrat* [110] مطفورة. Selon le grec, « complication » est le bon sens, tandis que la plupart des manuscrits ont écrit *Maḍfūrat* qui veut dire : triomphante.

W: ḍalāl ضلال = erreur, S^{3}S^2: *ẓilāl* [111]ظلال = ombre; VT:*ḍalālat* ضلالة = erreur, P: *ḍilālihi* ظلاله = son ombre, L^{1}L^2: *ẓalālat*[112] ظلالة = erreur ;

W: *maḍrūb* مَضْرُوب = frappé; S^{1}S^2: *maṭrūb* [113]مطروب = écoutant la musique avec plaisir.

VTL^{1}L^2: *yaẓūnnū* يظنوا, P: *yaḍūnnū* يضنوا[114]; WS^{1}S^3: *maẓnūn* مظنون = , S^2: *maḍnūn* مضنون[115].

Voici un exemple tiré du *Coran* : En se basant sur le livre *Almaṣāḥif* du sağistany on voit que le Haǧǧaǧ bin yūssif a changé quelques mots dans le *Coran* du calife Osman. Par exemple : le terme: *biẓanyn* بِظَنِينٍ , qui signifie : « accusé », il l'a changé par *biḍanyn* [116]بضنين, qui signifie : « avare ». Mais les chiites ont continué à lire

110 *V* 19, 1, 2.
111 *W* 3, 11, 4.
112 *W* 1, 13, 9.
113 *W* 4, 4, 6.
114 *W* 1, 13, 6.
115 *W* 1, 13, 6.
116 *Coran* 81, 24.*'Almawsū'at 'alqor'ānyyat*, p 361–362.

biẓanyn [117]بِظَنِينٍ, or c'est une preuve que les chiites n'ont pas accepté les corrections du Haǧǧaǧ.

Il est probable que la confusion entre le *ḍaḍ* = ḍ = ض et le *ṭah* ṭ = ط revient au karšūny. La lettre ḍ = ض n'y existait pas. Or les copistes, l'ont remplacée par le ṭ = ط, ce qui a posé un problème aux copistes ultérieurs. Voici un exemple tiré du *Pseudo-Macaire*:

VPTL¹: *'iḍṭirār*اضْطِرَار, L²: *'iṭṭirār*[118]اططرار; VPT: *'iḍṭihād*اضْطِهَاد, L¹: *'iẓṭihād*اظططهاد, L²: *'iṭṭihād*[119]اططهاد.

Un exemple du *Coran*: *'iḍṭorra* اضْطُرَّ , *'iṭṭorra* اططرَّ=اطُّرَّ[120] = forcé.

Entre 'ayn = ' = ع*, et* lām *l* = ل

Il est sûr que la confusion entre *'ayn* =' = ع, et lam l = ل vient du karšūny, en raison de la similitude extrême entre les deux lettres dans l'alphabet syriaque, qui paraît presque impossible dans l'alphabet arabe, où ils diffèrent. Voici un exemple chez le *Pseudo-Macaire*:

S³: **mawlūd** مَوْلُود**,** S²: **maw'ūd**[121] موعود. Le sens grec est : « nouveau-né ».

VPT : *'ayn* عين, L² : *lyn* لين[122]. Le sens grec est : « douceur, humilité ».

VT: *'an mā* عن ما , P: *'ammā* عمّا , L¹ *lammā* لمّا .

Un exemple que Luxemberg a découvert dans le *Coran* est que le mot : *libadan* [123] لِبَدًا, qui veut dire : « peu s'en fallut qu'ils ne l'étouffent en se pressant autour de lui » a pour vrai sens *'ibadan* عبادا = « serviteurs/ esclaves ».

Entre 'ayn =' = ع*, et* ġym= *ğ* = ج *et* ḥā' *ḥ*= ح

W: *'olamā* علما , S¹: *ḥolamā* حلما, S²: *ğolamā* جلما[124]

Des exemples du *Coran* : *biḥur* بِحُورٍ , *bi'ys* بِعِيسٍ[125] ; *na'am* نَعَمْ , *naḥam* نَحَم[126] ; *bo'ṯira* **بُعْثِرَ**, *boḥṯira* بُحْثِرَ , *boḥiṯa*،بُحِثَ[127] ; *ni'mat* نِعْمَةٌ , *raḥmat* رَحْمَةٌ[128] .

Entre kāf = *k* = ك*,* ẖā'= *ẖ* = خ *et* hā'

V: *biminḥās* بمنحاس , P: *biminẖās* بمنخاس , T: *bimanḥas* بمنحس , M: *biminkās* بمنكاس[129]

Voilà un exemple du *Coran* : sokkirat سُكِّرَتْ , *sokirat* سُكِرَتْ , *soḥirat* [130] سُحِرَتْ

117 'Assiyary, p 173.
118 *W* 1, 1,3
119 *W* 1, 3,13
120 *Coran* 6, 145; 16, 115.
121 *W* 1, 2, 5.
122 *W* 1, 9, 10.
123 *Coran* 72, 19.
124 *W* 13, 1, 7.
125 *Coran* 44, 55.
126 *Coran* 26, 42; 38, 44.
127 *Coran* 100, 9.
128 *Coran* 68, 49.
129 *T*, p 406r et *M*, p 292.
130 *Coran* 15, 15.

Entre ğym= ğ = ج *et ġayn = ġ=* غ

V: bitağārobihā بتجاربها , *P: bitağāyriohā* بتجايرها , *T: bitağāborihā* بتجابرها ,
L¹: bitağāyorihā[131] بتغايرها.

Voilà des exemples tirés du *Coran* : *alġorfat* الْغُرْفَةَ, *alğannat* الجنّة[132]; le mot *ğanat* جنّة est contracté, au niveau de la lettre n=*ğannat* جننة. En plus on a trouvé des variantes, dans le *Coran*, entre le n=ن et le r = ر, الزُّورَ، الزُّونَ[133]; et entre le f=ف et le n, ن où le Haǧǧaǧ a changé la ponctuation de *'ittaqū* اتتقوا = اتّقوا et l'a transformé en *'infoqū* انفقوا [134]

Entre kāf = *k* = ك *et* ẖā' = *ẖ* = خ
W: 'aktar أكثر , S¹S²S³: *'aẖar* آخر[135]. Le sens grec est : « plus ».

Entre kāf = *k* = ك ẖā' = *ẖ*= خ *et* 'ayn = ' = ع
VPM: yokmilū يكملوا , *T: ya'malū* يعملوا[136] ; *VPT: ya'mal* يعمل , *M: yokmil* يكمل[137] ;
VPM: mohbiratohom مخبرتهم , *T: ma'rifatohom* معرفتهم[138] .

Entre bā' = *b* ب *et* kāf = *k* ك
VPT: todabbiraha تدبّرها, *M: tadkoroha* تدكرها = *taḏkoroha*[139] تذكرها

Entre bā' = *b* ب *et* wāw = *w* و
Et voici un exemple du *Coran* : *bigonudihi* بِجُنُودِهِ , *wagonudihi* وجُنُودُه[140]

Entre wāw = *w* = و *et* kāf = *k* = ك
*VT : wakudyat*وكودية , *P : wakuḏyat* وكوذية , *M : wawidyat* = vallées وودية[141] ;
VPM : wamiṯl ومثل, *T² : kamiṯl* كمثل.
Entre *bā'* = b = ب et *kāf* = k = ك
VPM: mo'abbis معبّس , *T: mo'akkis* معكس[142]

Entre bā' = *b*= ب *et* 'ayn= ' = ع
VPM: ṭalabnā طلبنا , *T: ṭala'nā* طلعنا[143]

---

131 *V* 19, *Titre*.
132 *Coran* 25, 75.
133 *Coran* 25, 72.
134 *Coran* 57, 167. *'Almawsū'at 'alqor'ānyyat*, p. 361–362.
135 *W* 2, 3,23.
136 *T*, p 396r et *M*, p 268.
137 *M*, p 306.
138 *T*, p 337r et *M*, p 192.
139 *V*, p 276v et *T*, p 386r.
140 *Coran* 20, 78.
141 *M*, p 177.
142 *V*, p 281r; *T*, p 399v; *M*, p 287.
143 *P*, p 249v; *T*, 370r.

Entre ẖā' = *ẖ*= خ *et* ġayn= *ġ*= غ
VP: *maẖsūbyn* مخصوبين, *TM*: *maġsūbyn* مغصوبين[144]
VPML¹L²: *liġyrikom* لغيركم, *T*: *'oẖbirokom*[145] اخبركم
Très probablement, l'erreur s'est produite à partir de VP, qui ont transmis le mot du karšūny en arabe sans ponctuation ; ils ont considéré le ġ karšūny comme ǧ sans ponctuation. Ensuite, on a mis un point et le ǧ arabe est devenu ẖ.

Entre wāw = *w* = و *et* 'ayn = ' = ع
VPT : *fā'qil* فاعقل , *L¹* : *fā'wil*[146] فاعول .

3 – La contraction des lettres et le groupement des mots

La contraction des lettres

En arabe, on écrit souvent les consonnes redoublées une seule fois, et on met au-dessus de la lettre redoublée un symbole, qui s'appelle *šaddat*, tandis qu'en syriaque, comme en français, on laisse les lettres telles qu'elles sont. Donc si on trouve deux consonnes identiques qui se suivent, on peut en déduire que ce texte est probablement d'origine karšūny. Voici quelques exemples:

W: *qad* قدّ , *S³* : *qadd*[147] قدد, W: *qadr* قدر, *S¹* : *qadd* قدد[148]; *S³* : *qad* قَدّ, *S²* : *qadr*[149] قدر ; taille.
W: *sadū* سدّوا, *S¹S²* : *saddū* سددوا[150]; *V*: *yašod* يشدّ , *T*: *yašodd*[151] يشدد ; *W*: *ṣomān* صمّا , *S²* : *ṣommān* صمما[152] ; *VPM* : *'inā* انّا , *T* : *'innā*[153] اننا .

Voici quelques exemples tirés du *Coran* : *tamnon* تَمْنُن , *tamon* تَمُنّ[154] ; *zuwiǧat* زُوِّجَتْ, *zuwwiǧat* [155] زُووِجَتْ; *tošṭiṭ* تُشْطِطْ , *tošiṭ* تُشِطّ[156] ; *'a'inā* أئِنَّا , *'a'innā* أإنّنا[157] ; *taqṣoṣ* تَقْصُصْ , *taqoṣ*[158] تَقُصّ

144 *P*, p 189r; *T*, p 335v; *M*, p 188.
145 *W* 1, 9, 18.
146 *V* 19, 4, 8.
147 *W* 3, 2, 4.
148 *W* 3, 2, 4
149 *W* 1, 2, 4; 2, 5.
150 *W* 3, 2, 4
151 *T*, p327v; *M*, p 154.
152 *W* 5, 6, 3
153 *V*, p266r ; *P*, p190r ; *T*, p237v ; *M*, p194.
154 *Coran* 74, 6.
155 *Coran* 81, 7.
156 *Coran* 38, 22.
157 *Coran* 101, 66.
158 *Coran* 12, 5.

Le groupement des mots

En karšūny, on trouve deux ou parfois trois mots qui se sont groupés en un seul. Prenons quelques exemples dans *V* 19 : *'inkān* انكان 2 fois ; *kolšay'* كلشي 13 fois, *kolḥyn* كلحين 6 fois, *'āğlihāḏā* اجلهدا 3 fois ; *'ağliḏālika* اجلدلك 1 fois ; *kolwaḥid* كلواحد 7 fois; *mi'āğli* مناجل 5 fois.

Or, dans tout le manuscrit arabe *V*, on trouve : *mi'āğli* مناجل 86 fois. C'est une preuve possible que cette écriture est un reste de l'écriture karšūny.

Donc, probablement, le premier manuscrit du *Pseudo-Macaire* fut écrit en karšūny, on l'a transmis en arabe sans ponctuation, puis, peu à peu, jusqu'à la parfaite ponctuation.

Deuxième partie : La ponctuation et le changement des lettres

1 – Aperçu historique

L'ambiguïté des lettres arabes

Les copistes arabes ont mal transmis les lettres syriaques, et peu à peu, les lettres arabes prêtaient à confusion entre elles, ce qui poussait des savants arabes à mettre des points sur les consonnes, car sans les points qui les définissent, les lettres pouvaient être lues et interprétées différemment. Le problème consiste en ce que l'alphabet arabe était le seul alphabet au monde qui a passé par cette crise, à la différence des alphabets phénicien, hébraïque, araméen, syriaque, grec, copte, éthiopien, latin, arménien …

Cette hypothèse expliquerait pourquoi un grand nombre de mots dans le *Coran* pourraient avoir un sens différent, perdu par suite des confusions créées par l'absence de points sur les lettres. Cette nouvelle interprétation rapprocherait parfois le *Coran* des textes des Pères de l'Eglise, et surtout, d'une façon étonnante, du *Pseudo-Macaire*.

L'essai d'Abo l Assouad al Dou'ali

On raconte qu'Abo l Assouad al Dou'ali aurait mis les règles de la grammaire arabe sur ordre du Calife Omar. L'histoire veut qu'un bédouin, qui passait dans la ville en ces temps-là, ait demandé que quelqu'un lui lise quelques phrases de ce que Dieu aurait révélé au prophète Mahomet. Un homme lui lut la sourate de bara'at qui contient la phrase suivante : « Dieu s'acquitte des associés et de son messager (*warassūlihi*) »[159]. Le bédouin répond alors : « Dieu s'innocente de son messager ! Si Dieu s'acquitte de son messager, je m'acquitte de lui aussi ! ». Le Calife apprit ce que le bédouin a dit. Il le convoque et lui dit : « Tu t'acquittes du prophète de Dieu ? » Le Bédouin lui répond : « O Calife, commandeur des croyants, je suis venu dans cette ville ignorant tout du *Coran*. J'ai alors demandé qu'on m'en récite un

159 *Coran* 9, 3.

passage, et cet homme-là m'a récité un verset en disant : « Dieu s'acquitte des associés et de son messager (*warassūlihi*). J'ai alors répondu : Dieu s'acquitterait donc de son messager ? Si Dieu s'acquitte de son messager, je m'acquitterais moi aussi de ce messager ! ». Le Calife lui répondit : « Vous vous êtes mépris sur le sens du verset.

Comment cela se fait-il ? demanda le Bédouin.

Dieu s'acquitte des associés comme son messager le fait (*warasūloho*) ».

Le Bédouin répondit alors : « Alors je ferai de même ». Dès lors, le Calife ordonna que seul un érudit de la langue arabe a le droit de réciter le *Coran* et demanda à Abou l Assouad de fixer les règles grammaticales de cette langue[160]. C'est alors que ce dernier entreprit la vocalisation du *Coran*[161] en mettant un point pour la voyelle A au-dessus de la lettre, et un point sur le côté de la lettre pour la lettre O, et un point en-dessous de la lettre pour la voyelle I, et deux points pour les «*'ann*», «*'onn*» ou «*'inn*»[162].

Les points pour différencier les lettres

On dit que Yaḥya Bin Ya'mor al 'Adouani fut le premier à avoir mis des points sur les lettres[163] alors que d'autres mentionnent Nasr Bin 'Aassem l layṯi[164]. Certaines sources disent que les deux étaient les premiers à avoir adopté cet usage[165]. « Les gens lisaient la copie du *Coran* appelée Copie d'Othman durant plus de quarante ans jusqu'aux jours du Roi Ben Marwan. Puis les copies se sont multipliées et se sont propagées en Iraq, alors Ḥaǧǧaǧ s'est inquiété sur le sort de son Livre et demanda que l'on ajoute aux lettres qui se ressemblent des signes distinctifs. On dit alors que Nasr Ben 'Assem ou Yaḥya Ben Ya'mor al 'Adouani ont entrepris cette tâche »[166].

Contrairement au Dou'ali qui a ajouté les signes de vocalisation, Ben 'Assem et Ben Ya'mor ont ajouté les points qui différencient les lettres les unes des autres. Tous deux sont les élèves d'Abi El Assouad[167].

2 – Exemples de l'article 19 de V

A travers ces mots de *V* que nous avons choisis, dans l'article 19, nous mettons l'accent sur les variations causées par les points, variations qui pourraient donner un sens totalement différent. Et cette connaissance, qui en est encore à ses débuts, contribuerait à permettre une nouvelle lecture des anciens textes arabes.

160 'Almofaṣṣal fy tāriḫi l'arab qabla l'Islām, t. 17, p 71.
161 Cf. 'Addāny, 'Almoḥkam fy noqaṭi lmaṣāḥif, p 3–4.
162 Jwwad 'Aly,'Almofaṣṣal fy tāriḫi l'arab qabla l'Islām, t., 17, p 71.
163 Cf. 'Almoḥkam fy noqaṭi lmaṣāḥif, p 7.
164 Cf. 'Almoḥkam fy noqaṭi lmaṣāḥif, p 7; 'Ibni nnadym, t., 1, p 59; 'Aḏḏahaby, p 71.
165 Cf. 'Almoḥkam fy noqaṭi lmaṣāḥif, p 6.
166 wafyyāti l'A'yān wa'anbā'I zzamān, t., 2, p 32;, kašfi ẓẓonūn, t., 1, p 712–713.
167 Cf.'Almoḥkam fy noqaṭi lmaṣāḥif, p 3–4.

V : *bitaǧāribihā* بتجاربها , *P* : *bitaǧāyorihā* بتجايرها , *T* : *bitaǧāborihā* بتجابرها , L^1 : *bitaġāyorihā*[168] بتغايرها .
V : *yanqoḍ* ينقض, *P* : *yoyqiṭ* ييقط, *yoyqiḍ* ييقض, L^1: *yasqoṭ* [169] يسقط;

V : *bisababihim* بسببهم , *T* : *našbohom* نشبهُم , *P*L^1 : *yasbyhim*[170] يسبيهم ;
VPT: *yazḥafū* يزحفوا , L^1: *yarǧifūn* [171] يرجفون; *VPT*: *yaksibūh* يكسِبُوه , L^1: *yaksūnaho* [172] يكسونه.
VPL^1: *yoǧibohom* يجيبهم, *T*L^1: *yobitohom*[173] يخبثهم , *yohibbūh*[174] ويحبّوه
VT: *'ayḍān* ايضا , *P*L^1: *'aṭa'ā*[175] ابطا

VPT : *ǧary* جري, L^1 : *ḫizy* [176] خزي; *VP*L^1 : *yaskob*, يسكب *T* : *yaskot* [177] يسكت;
V : *ḫarāb* خراب,
PTL^1 : *ḥirāb* [178] حراب; *V* : *ḥis* حس , *PT*L^1 : *ǧins* [179] جنس; *VP*L^1 : *yaštāq* يشتاق ,
T : *yosāq* [180] يساق;
VT : *nyr* نير, *P*L^1 : *byr* [181] بير; *VP*L^1 : *myzān* ميزان , *T* : *myrāṯ* [182] ميراث;

***3** – Quelques exemples coraniques sur la ponctuation*

sanad'u نَدْعُسَ , *sanad'ū* سَنَدْعُو , *fasana'ad'ū* فسَأدْعُو , *satod'ā* سَتُدْعَى , *sayod'ā* سَيُدْعَى[183]; *waqor'ānaho* وَقُرْءَانَهُ , *waqarataho*[184] وَقَرَتَهُ; *'izzat* عِزَّة , *ġirrat* غِرَّة[185] ; *bošrān* **بُشْرًا** , *nošorān* نُشُراً , *bošrā* [186] بُشْرَى; *ya'risūn* يَعْرِشُون , *yaġrisūn* [187] يَغْرِسُونَ; *wa'azzarūho* وَعَزَّرُوهُ, *wa'azzazūho* وَعَزَّزُوهُ[188]; *sa'awrikom* سَأُوْرِيكُمْ , *sa'arikom* سَأُرِيكُمْ , *sa'awriṯokom* سَأُورِثكُمْ[189]; *sakata* سَكَتَ , *sakana* [190] سَكَنَ; *'ityyan* عِتِيًّا , *'osyyan* عُسِيًّا[191];

---

168 *V* 19, Titre.
169 *V* 19, 1, 5.
170 *V* 19, 1, 4.
171 *V* 19, 1, 2.
172 *V* 19, 2, 2.
173 *V* 19, 1, 8.
174 *V* 19, 3, 12.
175 *V* 19, 4, 8.
176 *V* 19, 2, 7.
177 *V* 19, 3, 6.
178 *V* 19, 3, 6.
179 *V* 19, 3, 11.
180 *V* 19, 3, 11.
181 *V* 19, 4, 3.
182 *V* 19, 3, 7.
183 *Coran* 96, 18.
184 *Coran* 75, 17–18.
185 *Coran* 38, 2.
186 *Coran* 25, 48 ; 27, 63 ; 38, 57.
187 *Coran* 38, 137.
188 *Coran* 38, 157.
189 *Coran* 38, 145.
190 *Coran* 38, 154.

nonağğy نُنَجِّي , *yonağğy* يُنَجِّي , *nonaḥḥy* [192] نُنَحِّي; *wari'yā* وَرِءْيًا , *wariyān* وَرِياً , *wariyā'an* وَرِياءً , *waziyyān* وَزِيًّا[193]; *wa'ahoššo* وَأَهُشُّ , *wa'ahosso* [194] وَأَهُسُّ; *yoğbā* يُجْبَى, *toğbā* تُجْبَى , *yoğnā* [195] يُجْنَى; *wabtaġi* وَابْتَغِ , *wattabi'* وَاتَّبِعْ[196] ; *fariġān* فَرِغًا , *fazi'ān* فَزِعًا , *fari'ān* قَرِعًا , *faziġān* [197] فِزِغًا; *fāstaġātaho* فَاسْتَغَاثَهُ , *fāsta'ānaho* فَاسْتَعَانَهُ , fāsta'āṯaho فَاسْتَعَاثَهُ[198]; *'akbar* أَكْبَر , *'akṯar* أَكْثَر[199]; *ğnnat* جَنَّة , *ḥabbat* [200] حَبَّة; *tablū* تَبْلُو , *nablū* نَبْلُو , *tatlū* [201] تَتْلُو; *baqyyato* بَقِيَّتُ , *baqyyato* بَقِيَّةُ , *taqyyato* [202] تَقِيَّةُ; *yastasḫirūn* يَسْتَسْخِرُون , *yastasḥirūn* يَسْتَسْحِرُونَ[203]; *bonyānahom* بُنْيَنَهُم , *binyatahom* بِنْيَتَهُمْ , *boyūtahom* بُيوتَهُمْ , *baynahom* بَيْنَهُم[204]; *yū'minūn* يُؤْمِنُون, *tū'minūn* تُؤْمِنُون, *tūqinūn* تُوقِنُونَ[205]

Troisième partie : Les nouveaux mots

Dans le *Pseudo-Macaire* arabe, nous avons trouvé une centaine de nouveaux mots qui n'existent pas dans le dictionnaire arabe actuel. Ces mots pourront enrichir la langue et devraient donc être ajoutés au dictionnaire. A partir de ces mots-là, nous allons interpréter des versets du *Coran* d'une façon tout à fait inexplorée. Ainsi, ce que l'on croyait être les *houris* du paradis ou les femmes que l'on rencontre au paradis pourraient en fait n'être que des fruits qui viennent à peine d'éclore sur un arbre. Cette définition a son parallèle dans l'*Hymne du Paradis* d'Ephrem le Syrien, dans lequel il décrit le paradis. Commençons par : *'Aṭṭarf* الطرف

1 – *'Aṭṭarf* الطرف

Wa'indahom وَعِنْدَهُمْ *qasirāto* **قَاصِرَاتُ** *ṭṭarfi* **الطَّرْفِ** '*atrābon* [206] **أَتْرَابٌ**

Citons la traduction traditionnelle : « Et auprès d'eux [les hommes justes] seront les belles femmes au regard baissé [par terre puisqu'elles sont chastes et ne regardent que leurs maris], toutes amies et jeunes du même âge ».

Et voici notre traduction littérale : « Ils [les hommes justes] ont, chez eux [au paradis], des inclinées du «*ṭarf*», « prémices », et [elles sont des] amies ».

191 *Coran* 19, 8. 69.
192 *Coran* 19, 72.
193 *Coran* 19, 74.
194 *Coran* 20, 18
195 *Coran* 28, 57.
196 *Coran* 28, 77.
197 *Coran* 28, 10.
198 *Coran* 28, 15.
199 *Coran* 6, 123; 17, 21.
200 *Coran* 17, 91.
201 *Coran* 10, 30.
202 *Coran* 11, 86.
203 *Coran* 37, 14.
204 *Coran* 16, 26.
205 *Coran* 45, 6.
206 *Coran* 38, 52.

Ce mot clé, *'aṭṭarf*, est la vue, selon les exégètes musulmans. Mais selon le *Pseudo-Macaire* arabe, et en revenant sur l'origine grecque de ce mot, *ἀκροθίνια/ akrothinia*[207], signifie : « les prémices, les premiers fruits ». Or ce nouveau sens a changé totalement le sens traditionnel de ce verset. Donc on parle des arbres, terme qui est féminin en arabe, si l'on revient à l'*Hymne du Paradis* d'Ephrem le Syrien.

Dans cet Hymne, comme en Juges 9, 8- 15, où les arbres parlent entre eux, comme chez Jean de la Fontaine qui a personnifié le chêne et le roseau, la cigale et la fourmi, le loup et l'agneau, saint Ephrem, (+ 373) a personnifié les arbres du paradis: « La main qui se tendit pour sustenter les pauvres verra **les fruits des arbres se pencher vers elle** »[208]. « Pour celui qui, en sage, s'est abstenu de vin, s'empressent plus encore les pampres du Paradis, et chacun lui tendra, **lui offrira ses grappes** »[209]. « **Les branches des arbres donnent, au Paradis, nourriture** aux femmes qui nourrirent les pauvres »[210]. Donc il est fort probable que le verset coranique est parallèle à ces versets de l'*Hymne du Paradis*.

Ce qui confirme notre explication, c'est le *Coran* même lorsqu'il a décrit les arbres du paradis : *qoṭūfoha* قُطُوفُهَا *dānyaton* دَانِيَةٌ , ce qui veut dire : «Ses fruits seront tous proches [à portée de main]»[211] , et *ḏallalat qoṭūfoha* قُطُوفُهَا *taḏlylan* تذليلا , ce qui veut dire : « Ses grappes de fruits se pencheront vers eux [les justes] pour être cueillies »[212] . Donc en profitant de cette nouvelle explication, nous pouvons continuer à interpréter quelques autres termes qui en dépendent :

'abkārān أَبْكَارًا

Le mot *bikr* بكر arabe signifie : « vierge, aîné, premier-né, les premiers fruits, les prémices, le début du jour ». Or en partant de ce sens et en se basant sur l'explication du *ṭarf*= « prémices » donnée plus haut, et en mettant le texte parallèle avec l'*Hymne du Paradis*, on peut fort probablement déduire que le mot ne signifie pas des femmes vierges, les houris, et qui restent vierges à jamais, mais : les prémices. Donc c'est une répétition, probable, du *ṭarf*= « prémices » rencontré plus haut. Voici les deux textes en parallèle :

« Des fruits abondants, ni déjà cueillis [donc qui sont attachés aux arbres], ni défendus… Nous en avons fait des prémices proches et des [arbres] amis »[213].	« Les fruits tardifs récoltent les fruits (du Paradis). Les premiers-nés, les prémices! Cueillis et cueilleurs, de pureté rivalisent »[214].

207 *W* 1, 7, 11.
208 *Hymnes sur le Paradis*, 7,17.
209 *Hymnes sur le Paradis*, 7,18.
210 *Hymnes sur le Paradis*, 7,20.
211 *Coran* 69, 23.
212 *Coran* 76, 14.
213 *Coran* 56, 32–33. 36–37.
214 *Hymnes sur le Paradis*, 7, 9.

Ḥūron حُورٌ

Je ne voudrais pas expliquer l'expression *ḥūron* 'ynon حُورٌ عِينٌ , mais seulement ce verset: «حُورٌ مَّقْصُورَاتٌ فِي ٱلْخِيَامِ»[215] , *Ḥūron maqṣūrāt fil ḫyām*, qui est en rapport avec ce qui a précédé. Le mot *maqṣūrāton* مَّقْصُورَاتٌ , de même origine que *qāṣirāt* قاصرات , a le même sens, ce qui veut dire : inclinées, pendues, abaissées. Donc, en le mettant en comparaison avec l'*Hymne du Paradis*, nous pouvons déduire que les tentes sont les nuées de fruits au-dessus des têtes chez saint Ephrem, et les *ḥūr* qui veut dire : blanc, sont, probablement, des grappes de raisin blancs, « qui [les grains de la grappe] sont [gros] comme des œufs »[216] , et « pareils à des perles »[217] inclinées/ pendues/ abaissées dans des nuées au- dessus des justes. Voici les deux textes en parallèle :

« Attablés dans les arbres, parmi l'air transparent, ils ont sous eux des fleurs, **des fruits au-dessus d'eux : ciel de fruits**, sol de fleurs. Qui donc a entendu ou jamais vu cela : **nuée, dessus les têtes, des fruits donnant ombrage**, et un tapis des fleurs déployé sous les pieds »[219].	« …Des [grappes de raisin] blanches pendant/ s'abaissant dans les tentes (les nuées) »[218].

– Des lits et des matelas : *sororon waforošon* سررٌ وَفُرُشٌ

« Souhaites-tu monter, en effet, dans un arbre ; à tes pieds, **il s'étage avec toutes ses branches** ; et il t'attire a lui pour te convier là-haut, en son intimité, **sur le lit de ses branches** arrangées étalées comme une aire jonchée, débordante de fleurs : **couche**, pour qui s'étend, (comme) **le sein** pour l'enfant »[224].	**مَرْفُوعَةٍ** (الواقعــة 34) وَمَوْضُونَةٍ (أي منســوجة) **وَفُرُشٍ** مُتَّكِئِينَ عَلَيْهَا مُتَقَابِلِينَ (الواقعة 15-16) [من الزهور]، [se reposant sur] « Des lits élevés »[220], « ornés/ fabriqués »[221], [par des fleurs] bien « arrangés et [bien] étalés »[222] « s'y accoudant et se faisant face »[223].

215 *Coran* 55, 72.
216 *Coran* 37, 49.
217 *Coran* 56, 23.
218 *Coran* 55, 72.
219 *Hymnes sur le Paradis*, 9,5.
220 *Coran* 56, 32–34.
221 *Coran* 56, 15.
222 *Coran* 52, 20.
223 *Coran* 56, 16.
224 *Hymnes sur le Paradis*, 9, 3.

– Leurs maisons : *waliboyūtihim* وَلِبُيُوتِهِمْ

« Ce sont, au lieu des rois, les arbres, qui loueront ces jeûneurs, et courbés les inviteront, par leur beauté, à s'en **venir chez eux** habiter leur **ramure**, baigner dans leur rosée et savourer leurs fruits »[225].	وَلِبُيُوتِهِمْ أَبْوَابًا وَسُرُرًا عَلَيْهَا يَتَّكِئُونَ (34الزخرف) « Leurs [les arbres] maisons ont des portes et des lits de repos sur lesquels s'accouder »[226].

2 – *taġā* طغى, *ṭoġyān* طغيان et *ṭāġūt* طاغوت

Le sens de *ṭaġā* طغى , *ṭoġyān* طغيان et *ṭāġūt* طاغوت , dans le lexique arabe, est iniquité, tyrannie, férocité… tandis que chez *Pseudo-Macaire* : « leurrer/ tromper » *taġā*[227] طغى ; « vanité, vacuité »[228] *ṭoġyān* طغيان « égarement »[229] ; « séduction »[230]

Donc, en partant de ce nouveau sens, nous pouvons donner un nouveau sens à des dizaines des versets coraniques qui contiennent les termes : *ṭaġā* طغى, *ṭoġyān* طغيان et *tāġūt* طاغوت[231] .

3 – *dyn* دين, *diyānat* ديانة

Les termes coraniques : *dyn* دين et *diyānat* ديانة sont traduits par : religion. Or, ces mêmes termes : *diyānat*[232] ديانة , *tadayyon*[233] تديّن , *tadayyon ḥasan*[234] تديّن حسن , *'ibādat*[235] عبادة , *ḥosni 'ibādat*[236] حسن عبادة , *'obūdyat* [237] عبوديّة *'ibādato lāh*[238] عبادة الله, sont tous : la traduction du terme grec : *εὐσεβείας*, qui signifie : « culte/ piété ». Donc en se basant sur cette nouveauté, on peut donner un nouveau sens aux termes *dyn* دين et *dyanat* ديانة au *Coran* :

L'expression : *'inna ldyna 'inda llāhi 'al'islām* إِنَّ الدِّينَ عِنْدَ اللَّهِ الْإِسْلَامُ[239] , fut traduite : « la religion auprès de Dieu est la Soumission [à Sa volonté : al-islâm] »[240], « la religion acceptée de Dieu, c'est l'Islam »[241] . Or, en se basant sur notre explication

225 *Hymnes sur le Paradis*, 7, 16.
226 *Coran* 43, 34.
227 *W* 1, 3, 5; 4, 7.
228 *W* 1, 10, 13.
229 *W* 1, 8, 9.
230 *V* p 150r. cf. *2Cor* 11, 3.
231 Cf. *Coran* 2, 15–16; 4, 6; 6, 110; 7, 186; 10, 11; 16, 36; 23, 75; 50, 27…
232 *W* 1, 3, 3; 3, 4; 6, 2; 6, 4; *W* 5, 5, 8; 12, 4, 3; 19, 1, 3.
233 *W* 1, 1, 2; 3, 4.
234 *W* 1, L 1, 2; 3, 3.
235 *W* 1, 1, 3; 1, 4.
236 *W* 1, 2, 1; 6, 1; *V 36,* 6, 1.
237 *W* 1, 1, 2; *V 36,* 3, 4.
238 *V* 36, 5, 1.
239 *Coran* 3, 18.
240 *Coran,* traduction de Jean-Louis Michon sur l'internet.
241 *Coran,* traduction de Mouhammad Hamidulla sur l'internet.

du terme *Islām* إِسْلَام qui signifie : « don de soi, sacrifice de soi, consécration totale »; et, en se basant sur la traduction du terme « *dyn* » دين par « culte/ piété », nous pouvons probablement traduire ce verset coranique : « le culte/ piété accepté de Dieu, c'est le don de soi, c'est la consécration totale », donc c'est la vie monastique, que *Pseudo-Macaire* et Mahomet ont vécue.

Donc cette notion sera égale à la notion évangélique : « Si quelqu'un veut venir après moi, qu'il renonce à lui-même, qu'il se charge chaque jour de sa croix, et qu'il me suive »[242]. Or le point de repère commun entre le Christianisme et l'Islam : c'est le don de soi, c'est l'amour qui nous dirige vers Dieu et vers l'autre.

4 – Autre mots pour le lexique *gréco-arabe*

- ***ṭamiṯ***[243]طمث , *nağis*[244] نجس , μιαρῶν, souillé/ sale/ impur.
- ***ğinn***[245] جنّ , δαίμονος, démon.
- ***mosḥaf***[246] مصحف , *βίβλιον*, Bible.
- ***taqryb***.[247] تقريب , *κοινωνία*, communion.
- ***'aslama nafsaho***[248] أسلم نفسه , *dafa'a ḏātah* دفع [249]ذاته, *δεδωκώς*, *ἐπιδιδῶσι*, se donner/ se livrer/ se consacrer.
- ***moqaddas***[250] مقدّس , *ṭāhir*[251] طاهر , *qidys*[252] قدّيس , *ἁγίος*, saint.
- ***ğalyl***[253] جليل *ṭāhir*[254] طاهر , *Moqaddas*[255] مقدّس , *ἱερὸς*, sacré.
- ***ṭāhir***[256] طاهر, *ἀθῷος* , innocent.
- ***bāraka***[257] بارك , *ἱερὸς*, sanctifier.
- ***waqafa***[258] وقف , *'adḫala*[259] أدخل , *ἀφιερώο*, consacrer.
- ***qalb***[260] قلب *'aql*[261] عَقْل , *ma'qūl*[262] معقول, *fahm*[263] فهم , *νοὸς*[264], intellect.

---

242 *Lc* 9, 23.
243 *W* 1, 3, 3; 4, 2; 5, 4; 9, 17; 13, 11.
244 *V* 36, 9, 17.
245 *W* 1, 2, 4; *W* 2, 2, 4; 12, 10.
246 *W* 12, 6, 2.
247 *V* 36, p 227v.
248 *W* 1, 6, 3; *V* 36, 2, 1; 3, 1; 3, 2; 5, 2; 6, 2; 6, 3; 6, 4;
249 *W* 1, 2, 1; 3, 1; 3, 2; 3, 5; 3, 7; 5, 2; 6, 2; 6,4; *V* 36, 3, 5.
250 *W* 1, 2, 3; *V* 36, 1, 3; 2, 1; 2, 3; 4, 1.
251 *W* 1, 1, 3; 2, 1; 2, 2; 4, 1; *V* 36, 1, 2; 1, 3; 2, 2; 3, 3; 3, 11; 3, 12; 4, 1.
252 *W* 1, 3, 3; 3, 11; 3, 12; 4, 1.
253 *W* 1, 6, 1; 6, 5.
254 *W* 1, 2, 1; 3, 9.
255 *V* 36, 2, 1; 3, 9; 6, 1; 6, 5.
256 *W* 1, 3, 2.
257 *W* 2, 3, 5; 3, 5, 9.
258 *W* 1, 2, 1; 9, 13; 13, 3; 2, 12, 18.
259 *V* 36, 2, 1.
260 *V* 36, 3, 5.
261 *W* 1, 3, 5; 6, 6; V 36, 6, 6.
262 *W* 1, 3, 1.
263 *V* 36, 3, 1; *V 36,* 1, 4 ; 3, 4.

– ***kāfir***[265] كافر , *ġayro mū'min*[266] غَيْرُ مُؤْمِنٍ , *ἀπίστους*, incroyant.
– ***soboḥ***[267] سُبُح , *ṯanā'*[268] ثَنَاء, *maǧd*[269] مجد , *δόξαν*, gloire.

264 La plus haute partie de l'anthropologie philosophique tandisque pnevma le plus élevé au point de vue théologique c'est une participation au st esprit.
265 *W* 1, 3, 4.
266 *V* 36, 3, 4.
267 *W* 1, 3, 4; 6, 2; 6, 4.
268 *W* 1, 3, 4.
269 *W* 1, 3, 4; *V 36,* 3, 4, 6, 2; 6, 4.

Sources, abréviations et sigles

1. Albert GELIN, *l'homme selon la Bible*, foi vivante, 75, paris, 1968. = *l'homme selon la Bible*
2. Dictionnaire de spiritualité ascétique et mystique doctrine et histoire, fondé par M. Viller, F. Cavallera, J. de Guibert, s.j. continué par A. Rayez, A. Derville et A. Solignac, s.j., tome X, Mabille- Mythe, Beauchesme, Paris, 1980. «*Mnèmè Theou*» (le souvenir de Dieu) col. 1407–1414. = DS
3. Ephrem de Nisibe, *Hymnes sur le Paradis,* traduction du syriaque par René Lavenant, s.j. professeur du Centre Religieux d'études arabes de Bikfaya, Liban ; introduction et notes par François Graffin, s.j. professeur à l'Institut Catholique de Paris, directeur de la Patrologie Orientale, sources chrétiennes, 137, les éditions du cerf, Paris, 1968. = *Hymnes sur le Paradis*
4. Jawwad 'Aly, *'Almofaṣṣal fy tāriḫi l'arab qabla l'Islām*, 4ème édition, 2001, t. 17, p 71. = *'Almofaṣṣal fy tāriḫi l'arab qabla l'Islām*
5. Le *Pseudo-Macaire*:
   - Codex, arabe- karšūny, Londres, or., 2322, 1804, BL .= *L¹*
   - Codex, arabe- karšūny, Londres, or., 4096, 18ème s., BL. = *L²*
   - Codex, arabe- karšūny, Liban, Charfeh, raḥmāny, 12, 1660 = *M.*
   - Codex, arabe, Paris, 149, 998, BNF. = *P*
   - Codex, arabe, Sinaï, 352, 12ème s. = *S¹*
   - Codex, arabe, Sinaï, 358, 1882. = *S²*
   - Codex, arabe, Sinaï, 446, 13ème s. = *S³*
   - Codex, arabe, Vat., 70, 15ème s. = *T*
   - Codex, arabe, Vat., 70, 15ème s. = *T²*
   - Codex, arabe, Vat., 80, 12ème s. = *V*
   - Parchemin, arabe, Vat., 84, 1054. = *W*
   - Parchemin, Paris, grec, 973, 1045, BNF. = *X*
6. Masnad bin 'Abyšybat.
7. 'Abid bin Ḥamyd Nasr abū Muḥammadi lkasy, *'Almontaḫab min Masnad 'Abid bin Ḥamyd*, éditeurs : Soḥhy lBadry Ssamorra'y, Maḥmūd Muḥammad Ḫalyl Ssa'ydy, le Caire, 1ère édition, 1988. = *'Almontaḫab min Masnad 'Abid bin Ḥamyd*
8. 'Abū lfadli 'Aḥmada bni 'Aly bni Muḥammad bni 'Aḥmad bni Ḥoğri l'asqalāny, *'Iṭrāfi lmasnadi lmo'taly bi'aṭrāfi lmasnadi lḥambaly*. = *'Iṭrāfi lmasnadi lmo'taly bi'aṭrāfi lmasnadi lḥambaly*
9. 'Abū Na'ymi l'Aṣfahāny, *Ma'rifat aṣṣaḥābat*. = *Ma'rifat aṣṣaḥābat*
10. 'Addāny, *'Almoḥkam fy noqaṭi lmaṣāḥif*. = *'Almoḥkam fy noqaṭi lmaṣāḥif*
11. 'Ala' lddyn 'Aly bin Ḥosami lddyni lmottaqy lhidy lborhān Fūry, (+ 975 h), *Kanzo l'ommāl fy sonani l'aqwāl wal'af'āl*, éditeurs : Baqry ḥayāny, Ṣafwato Ssaqā, 5ème édition, 1981. = *Kanzo l'ommāl fy sonani l'aqwāl wal'af'āl*
12. 'Arrūmy, *kašfi ẓẓonūn*, t., 1, p 712–713. = *kašfi ẓẓonūn*

13. 'Aḥmad Moḫtār 'Omar wa 'Abdi l'Āl Sa'yd Makram, *Mo'ğamo lqirā'āti lqorānyyat*, 6 tomes, 3ème édition, le Caire, 1997. (source des variantes du Coran)
14. 'Aṭṭaḥḥāwy, *Mošakka l'Āṯār*. = *Mošakka l'Āṯār*
15. 'Aḏḏahaby, *Ma'rifati lqarrā'I lkibār*. = *Ma'rifati lqarrā'I lkibār*
16. 'Abdi laṭyfi lḪaṭṭāb, *Mo'ğamo lqirā'āt*, 11 tomes, Damas, 2000. (source des variantes du Coran)
17. 'Ibin Ḫallikān, *wafyyāti l'A'yān wa'anbā'I zzamān*, t., 2, p 32. = *wafyyāti l'A'yān wa'anbā'I zzamān*
18. 'Ibni nnadym, *'Alfahrist*, t., 1. = 'Ibni nnadym
19. 'Ibrahim 'Al 'Abyary, *'Almawsū'at 'alqor'ānyyat*, Mū'assasat siğil 'al'arab, le Caire, 1984, t. 1. = *'Almawsū'at 'alqor'ānyyat*

Deux problèmes du *Corpus Macarianum* : l'auteur et le messalianisme

A. G. Dounaev

Je suis heureux de présenter dans le cadre de cette conférence une nouvelle édition enrichie de mon livre sur Macaire/Symeon paru en 2002. D'abord permettez moi de dire quelques mots à propos de ce livre qui compte près de 1150 pages de grand format et 22 illustrations.

La 1ère partie (en russe) est restée presque sans changements, et je vais exposer ses idées essentielles. La 2ème partie représente le texte grec de la collection I édité par H. Berthold avec quelques modifications, accompagné d'une traduction russe et de commentaires (dans l'édition de 2002, le texte grec manque). La nouvelle 3ème partie est écrite (en français) par le p. Vincent Desprez et comporte l'édition des nouveaux témoins manuscrits des textes de la collection I. Dans le supplément, M. Bernatskij et S. Kim présentent une nouvelle édition critique des textes grec, slavon et géorgien du *Sermo de exitu animae* de Syméon de Mésopotamie. Le livre est muni de vastes *indices*.

La 1ère partie est consacrée à 2 questions essentielles du *Corpus Macarianum* : la paternité et le problème du messalianisme.

On peut identifier les traces d'un Syméon de Mésopotamie dans les faits suivants :

1. le nom de Syméon dans les fragments grecs du *Vat. gr. 2028*, découverts par P. Géhin ;
2. le nom de Syméon (parfois avec un supplément « Stylite ») dans la tradition arabe ;
3. le nom de Syméon dans une scholie de *Mosq. Synod. gr. 319* ;
4. le nom de Syméon de Mésopotamie dans l'inscription de II, 51 en *Mosq. Syn. gr. 320* ;
5. les coïncidences verbales du *Sermo de exitu animae* — l'unique œuvre conservée sous le nom de Syméon de Mésopotamie — avec le *CM* II, 22 ; j'approuve l'opinion de H. Dörries que II, 22 est une version abrégée du *Sermo* du Mésopotamitès ;
6. dans le manuscrit *Berolinensis gr. 16* toutes les homélies ont pour titre τοῦ αὐτοῦ ὁμιλία ; seulement l'homélie 22 commence par τοῦ αὐτοῦ περὶ ἐξόδου ψυχῆς — les mêmes mots figurent dans le titre grec du *Sermo de exitu animae* ;

7. dans l'édition d'Assemani, le *Sermo de exitu* est uni, dans un bloc, avec 3 autres pièces du *CM* sous le nom d'Éphrem (p. 314–357), mais j'ignore s'il existe une véritable cause de cette étrange coïncidence.

Les analyses lexicales et des citations scripturaires montrent une identité incontestable du style des *Sermo* et *CM*.

Donc, après une analyse détaillée, je rejoins l'opinion de H. Dörries que l'auteur véritable du *CM* est un Syméon de Mésopotamie.

Reste la question du messalianisme prétendu du *CM*. Après une discussion détaillée, j'arrive à une conclusion que l'auteur n'a rien eu avec le messalianisme mis à part des contacts avec quelques moines syriens. Ces derniers ont abusé de ses œuvres. Après la mort de Syméon Mésopotamitès et des pères-cappadociens vers le premier quart du 5ème siècle, il n'est resté personne qui puisse attester l'orthodoxie de l'auteur du *CM*, c'est pourquoi la condamnation des messaliens a été formulée sans aucune réserve possible. Néanmoins, je n'admets pas l'opinion d' A. Rigo et de plusieurs autres savants que le messalianisme, même tardif, n'a été qu'une simple étiquette, fiction historique des polémistes byzantins. Comme preuve, j'analyse le texte de la prière à Jésus conservé dans les différents textes de la littérature de l'ancienne Russie. Selon ce commentaire, l'effet de la prière jointe avec la respiration est le suivant : après la première année, Jésus habite dans le priant, après la deuxième — l'Esprit Saint, après la troisième — le Seigneur Sabaoth ; puis la prière dévore le cœur, et le cœur commence à proclamer la prière nuit et jour, et l'orant devient libre de tous les filets de l'ennemi. La prière à Jésus est attribuée dans ce commentaire à St Jean Chrysostome, et la quantité des 5 premiers mots de la prière est liée à 1 Cor. 14, 19 (« j'aime mieux dire cinq paroles avec mon intelligence, afin d'instruire aussi les autres, que dix mille paroles en langue »). Je montre que la source de ce commentaire se trouve dans les textes hésychastes byzantins : 1) on peut trouver de nombreux parallèles lexicaux de ce commentaire avec le *CM* (détail très important pour les participants de cette conférence) et avec l'*Epistula ad abbatem* et l'*Epistula ad monachos* du Ps.-Jean Chrysostome ; 2) parmi toutes les œuvres de la littérature byzantine il n'y a que 2 textes qui lient 1 Cor. 14, 19 à la prière privée : ce sont St Jean Climaque et St Grégoire le Sinaïte citant *l'Échelle* de Climaque ; 3) le savant russe A. Orlov, qui pour la première fois a publié l'analyse de ce commentaire, a marqué le milieu hésychaste dans lequel apparaît le texte dans les florilèges russes, entouré des œuvres des saints pères. Je suis d'accord avec Basile Lourié, le critique de notre livre, que le parallèle que je trouve avec une scholie sur Denys l'Aréopagite où on parle de 3 ans comme un délai indispensable aux messaliens pour acquérir une impassibilité, est assez général. Je suis d'accord aussi que je ne peux pas indiquer parmi les textes grecs connus le détail important de l'habitation séparée des personnes de la Sainte Trinité. Quand bien même la quantité des textes russes avec ce commentaire et l'autorité qu'a eue celui-ci en Russie, même jusqu'à notre temps parmi les Vieux-Croyants, et les autres arguments indiqués plus haut parlent de l'origine messalienne du commentaire. À titre d'hypothèse, je suppose que dans ce commentaire est représentée l'expérience spirituelle d'Alexandre l'Acémète qui après 3 ans de jeûne et prière continuels a été honoré d'une révélation de Dieu et a établi dans son monastère 24 équipes de moines pour louer Dieu sans cesse, à tour de rôle.

Donc le tableau du messalianisme que je m'imagine est plus compliqué qu'on ne le croit habituellement. Je suppose l'existence du milieu « mixte » monastique jusqu'aux derniers siècles de Byzance, limitrophe entre une orthodoxie et une hérésie, dans lequel le *CM* a joué un rôle important.

Dans ce bref rapport je ne peux pas exposer tous les arguments et références qu'on peut trouver dans le livre. Mais j'espère que ce résumé va attirer encore une fois l'attention des participants de notre conférence sur les problèmes essentiels du *CM* qui ne sont pas encore résolus.

Zur Entfaltung der sogenannten Makarios-Symposien

Hans-Olof Kvist

Der Anfang

Das erste Makarios-Symposium fand in Goslar im September 1980 statt. Es war die Frucht langjähriger deutscher und finnischer theologischer Forschungstätigkeit auf dem Gebiet der Patristik des nahen Ostens. Hermann Dörries' Untersuchung „Die Theologie des Makarios/Symeon" war das Ergebnis fünfzigjähriger Forschungsarbeit. Nach Abschließung seines Buches im Jahr 1976 findet er Anlass, es seinem unvergesslichen Lehrer Adolf Jülicher, der die erste Anregung dazu gab, zu widmen. Was Dörries in den zwanziger Jahren anfing, konnte er erst nach seiner Emeritierung, die ihm die zusammenhängende Zeit für die Arbeit ermöglichte, beenden. Dörries ist während der Drucklegung seines Buches im November 1977 verstorben (Dörries 1978,5). Seine Untersuchung ist in vieler Hinsicht von Bedeutung für die Entfaltung und Gestaltung der Makarios-Symposien gewesen. Ich werde darauf noch mehrmals zurückkommen.

Für die nächste Vorbereitungsphase möchte ich zwei Forscher auf dem Gebiet der Syrischen Patristik nennen: Werner Strothmann (gestorben 1996) und Jouko Martikainen, die sich zueinander wie Lehrer und Schüler/ Nachfolger verhalten. Die Beschäftigung mit Texten des Makarios/Symeon war Dörries und Strothmann gemeinsam. Martikainen, der seine Dissertation „Das Böse und der Teufel in der Theologie des Ephraems des Syrers" in Göttingen vorbereitete und 1978 an der Åbo Akademi mit Strothmann als Opponent promovierte, war sicherlich der Mann, der zusammen mit Strothmann einige finnische Theologen für das Studium makarianischer Texte inspirierte (z.B. Jukka Thurén, Fredric Cleve). Von 1980 bis zum Herbst 1981 wurden s.g. „Macarius-seminarier" im Rahmen des systematisch-theologischen Unterrichts an der Åbo Akademi veranstaltet. Ich erinnere mich, dass ich nach meiner Promotion als Dozent Texte aus den spätestens im 10. Jahrhundert kirchlich redigierten, aber auf makarianische Grundschriften aus dem späten vierten Jahrhundert zurückgehenden (so Dörries 1978, 11–18; Staats 1983,49)[1] 50 Homilien in deutscher Übersetzung zusammen mit einigen anderen Theologen reflektierte.

1 Die Jahreszahlen in den Klammern beziehen sich (mit Ausnahme von „Dörries 1978") auf die entsprechenden Druckjahre der Akten der Makarios-Symposien.

In Finnland hatte das theologische Interesse an finnischer und europäischer Andachtsliteratur, inspiriert von Osmo Tiililä, und an schwedischer Forschung über Mystik (Hans Hof, Gösta Wrede u.a.) zur Bildung einer Gruppe von Forschern geführt. In meinem Besitz findet sich das Sitzungsprotokoll einer Arbeitsgruppe dieser Gruppe vom 17.4.1979. Teilnehmer der Sitzung waren Fredric Cleve, Tuomo Mannermaa und ich als Protokollant. Es ging in der Diskussion um die Möglichkeit der Ausgestaltung eines wissenschaftlichen Projekts über „die Wurzeln des finnischen Pietismus". Die Linien der Diskussion griffen weit herum. In dieser Hinsicht glich sie dem, was in Deutschland bald vom Einfluss der makarianischen Homilien auf das abendländische Andachtsleben seit dem 16. Jahrhundert gesagt worden war (Dörries 1978,11) und bald noch ausführlicher gesagt werden sollte (Schneider 1983, 186–222). In der Diskussion der Arbeitsgruppe machte sich auch ein besonderes Interesse geltend, das mit den Lehrgesprächen zwischen der Evangelisch-Lutherischen Kirche Finnlands und der Russisch-Orthodoxen Kirche zu tun hatte. In Kiev hatte Tuomo Mannermaa 1977 auf einen Schnittpunkt zwischen der orthodoxen Lehre von der Theosis des Menschen und der lutherischen Lehre von der Rechtfertigung in Luthers „in ipsa fide Christus adest" hingewiesen. Es ging in der Arbeitsgruppe darum, eine Möglichkeit zu finden, wie die beiden Anliegen, den Wurzeln des finnischen Pietismus nachzugehen und die theologischen Diskussionen zwischen der Evangelisch-Lutherischen Kirche Finnlands und der Russisch-Orthodoxen zu beachten, miteinander vereint werden könnten. In der Tat machte Tuomo Mannermaa die Koppelung dieser beiden Anliegen zu einer Bedingung für seine Teilnahme an dem in Aussicht gestellten Projekt über die Wurzeln des finnischen Pietismus. Die von Mannermaa aufgestellte Bedingung ist dann tatsächlich berücksichtigt worden, wie die Publikation der Goslarer Vorträge (S. 170–179) belegt. In seinem Vortrag hebt Mannermaa zunächst Luthers Gedanken, dass „im Glauben Christus selbst gegenwärtig sei", hervor. Danach stellt Mannermaa Luthers Gedanken, dass die Teilnahme an der göttlichen Natur im Glauben die Grundlage für die Beseitigung des Bösen im Gläubigen sei, vor. Drittens meint er, Luthers Rechtfertigungslehre könnte ganz von dem ihm typischen Theosislehre her verstanden werden. Viertens lässt er verstehen, dass bei Luther die Zusammengehörigkeit von der Theosis und der Beseitigung des Bösen am Problem des Verhältnisses zwischen dem Glauben und der Liebe klar ersichtlich werde. Auf dieser Grundlage polemisiert Mannermaa kräftig gegen Karl Holl und die dialektische Worttheologie. Die von Mannermaa aufgestellte Bedingung, am geplanten Projekt über die Wurzeln des finnischen Pietismus teilzunehmen, lässt sich somit am Besten so verstehen, dass er diesem Projekt einen bereichernden Luther-Beitrag geben wollte. Sein Vortrag in Goslar bestätigt diese Annahme. In ihm will er auf die Voraussetzung für einen Vergleich zwischen Luthers und Makarios' Theologien hinweisen. Dagegen wollte er Makarios nicht direkt berücksichtigen.

In dem vorher genannten Sitzungsprotokoll kommt nicht der Name Makarios vor. Gleichwohl liegt die Annahme nicht fern, dass Mannermaa im Rahmen des geplanten Projekts durch Vermittlung von Jouko Martikainen und Fredric Cleve schon mehrmals auf den Namen Makarios gestoßen war. Jedenfalls steht es nach Leif Eriksons Beschreibung des finnischen Makariosprojekts in den Akten aus Amelungsborn 1986 fest, dass es die deutsche Forschung zu Makarios war, die 1979 zwei Tagungen über Makarios im Rahmen der Förderung des wissenschaftlichen Nachwuchses an der Thelogischen Fakultät veranlasste, wobei Strothmann an der zweiten Tagung teilnahm. So bedeutend ist späterhin Strothmanns Verbindungen mit der Fakultät geschätzt worden, dass die Fakultät ihm die Würde eines Doktors der Theologie honoris causa verlieh.

Der im Sommer 1980 an die Finnische Akademie zugestellte Antrag war betitelt (hier in deutscher Übersetzung) „Die gemeinsamen Wurzeln der östlichen und westlichen Traditionen, besonders vom Blickwinkel der finnischen Christlichkeit". Das urspünglich als vierjährig geplante Projekt wurde von der Finnischen Akademie finanziell unterstützt, und zwar vornehmlich, um eine wissenschaftliche Hilfskraft als Sekretär des Projekts anzustellen. Für die Jahre 1981–82 war Leif Erikson eine solche wissenschaftliche Hilfskraft. An dem Projekt, die Fredric Cleve leitete, nahmen außer Leif Erikson Tuomo Mannermaa, Pentti Laasonen und Hans-Olof Kvist an der Leitungsgruppe teil. Für eine größere Referenzgruppe veranstaltete die Leitungsgruppe zwei Seminare (am 7.9.1981 und 11.1.1982).

Die makarianischen Homilien oder davon beeinflusste Quellen wurden vom Projekt ausdrücklich als mögliche Hintergründe für die geistliche Literatur der pietistischen Bewegungen während der Zeit 1600–1900 angenommen. In der Schilderung des im Jahr 1981 vollzogenen Vorstudiums wird auf die kriteriologische Bedeutung der Dörriesschen Forschungsergebnisse für die Feststellung von Ähnlichkeiten zwischen Makarios und dem finnischen Pietismus und für die Bestimmung und Unterscheidung des makarianischen Einflusses von anderwärtigen Einflüssen hingewiesen. Hier mag kurz auf die Ergebnisse des Forschungsprojekts hingewiesen werden. Erikson fasst sie folgermaßen zusammen:

> „1. In Peter Schäfer hat zumindest ein persönlicher Kontakt mit dem Makarios-Übersetzer Gottfried Arnold bestanden. 2. Makarios wird in einigen in Finnland gelesenen Schriften zitiert. 3. Die Schrift des Arnold-Anhängers Gichtel [„Yksi lyhykäinen käsitys sisälliseen ja totiseen voimakristillisyyteen"] ist bereits 1787 ins Finnische übersetzt worden. 4. Zwischen Makarios und Vertretern des finnischen Pietismus bestehen deutliche Ähnlichkeiten. Zwar lässt sich ein unmittelbarer Einfluss des Makarios nicht nachweisen, die Ähnlichkeiten deuten aber auf ein und dieselbe Tradition." (Erikson 1989, 186–191, bes. 190).

Goslar 1980 und die steuernden Themen

Drei Themen sind für die Perspektivierung und Entfaltung der internationalen Makarios-Symposien von Bedeutung: das Böse, das Gebet und der Heilige Geist.

Sie finden sich alle in Dörries' Untersuchung über die Theologie des Makarios/Symeon, wo jedes von ihnen das Thema eines Hauptkapitels ist (Dörries 1978,7–8). Genau genommen ist also Makarios/Symeon der logisch zueinander ursprüngliche Lieferant der Themen. In Goslar beschäftigte man sich mit dem Bösen, in Karis (1984) mit dem Heiligen Geist und in Amelungsborn (1986) mit dem Gebet. Die Themen reihen sich nicht logisch aneinader, vielmehr sind sie in Einklang mit Dörries als Schwerpunkte in der religiösen Erfahrungswelt Makarios' zu verstehen. In allen Makarios-Symposien ist Makarios und seine Gedanken selbstverständlich der cantus firmus des Interesses, auch wenn der Mann selbst bisweilen zugunsten seines Einflusses zurücktritt. Wie wir gesehen haben, ist auch in Deutschland Makarios' Einfluss auf die Andachtsliteratur Gegenstand des Interesses gewesen.

Aus dem strothmannschen Vorwort zu den Goslarer Akten geht hervor, dass die finnisch-deutsche Theologentagung auf Anregung finnischer Theologen stattfand. Für die geleistete Arbeit bei der Vorbereitung und Durchführung der Tagung dankt Strothmann den Herren Prof. Dr. Dr. G. Wiessner (Göttingen), Dr. Jouko Martikainen (Turku) und Dr. E. Berneburg (Loccum). Angesichts der deutsch-finnischen Beziehungen ist es deutlich, dass Martikainen eine notwendige vermittelnde Rolle gespielt hat. Strothmann war für die Arrangements hauptverantwortlich und er war auch der Herausgeber der Goslarer Vorträge.

Nicht alle Vorträge bezogen sich ausdrücklich auf das Thema des Symposiums. Jouko Martikainens Vortrag „Das Böse in den Schriften des Syrers Ephraem, im Stufenbuch und im Corpus Macarianum" war der einzige, der explizite das Böse in Texten von Makarios behandelte. Im Übrigen sind die Bezüge auf Makarius reichlich, entweder so, dass Makarius-Texte im Vordergrund stehen (vier Vorträge), oder so, dass er patristisch positioniert wird (drei Vorträge).

Schon in Goslar war das wissenschaftliche Interesse des Symposiums jedoch nicht nur auf Makarios gerichtet. Die tatsächliche Komposition der Vortragssammlung lässt einerseits ein breiteres Interesse für Grundsatzfragen vernehmbar werden, andererseits und in Übereinstimmung mit den ursprünglichen Projektintentionen ein Interesse für die Wirkungsgeschichte der Wurzeln im allgemeinen Sinn – nicht nur im Sinn eines besonderen Themas, z.B. des makarianischen Verständnisses des Bösen, in welchen Fällen diese Wirkungsgeschichte nicht nur in der patristischen Zeitperiode, sondern weithin in der Neuzeit Gegenstand des Interesses ist. Späterhin sind Entscheidungen dieser Art sogar zu einem charakteristischen Zug der Makarios-Symposien geworden. Ein Makarios-Symposium im echten Sinn wäre also demnach als ein Forschungssymposium zu verstehen, wo Alternativen der beschriebenen Art gewahrt werden. Nichtsdestoweniger gibt es Vorträge, deren tatsächliche geschichtliche Positionierung eine andere als die wirkungsgeschichtliche ist.

Damit war die Grundlage gegeben für Darstellungen nach der ersten Art wie Gernot Wiessners „Das Böse in den Religionen", Alexander Böhligs „Das Böse in der Lehre des Mani und des Markion", Otmars Hesses über „Das Böse bei Markos

Eremites", Klaus-Joachim Frickes über „Das Böse bei Diadochos von Photike", Hans-Walter Krumwiedes über „Das Böse in den Schriften Luthers" und meine eigene Darstellung über „Das radikale Böse bei Immanuel Kant". Tuomo Mannermaas Ausführung über „Theosis und das Böse bei Luther" ist eine selbständige Darstellung eines Themas bei Luther, nicht eine wirkungsgeschichtliche Untersuchung. Freilich reflektiert er über die Möglichkeit eines Vergleichs zwischen Luther und Makarios und seine fragenhafte Hauptthese geht darauf aus, den Theosis-Gedanken als den für das Vergleich vorauszusetzenden gemeinsamen Beziehungspunkt hinzustellen. Hiermit muss der Vortrag Reinhart Staats' in Preetz verglichen werden, dem zu entnehmen ist, dass der Terminus bei Makarios-Symeon nicht „Theosis" sondern (in deutscher Übersetzung) „Metamorphose" sei, der auf die antropologisch, christologisch und eucharistisch begriffene Verwandlung des Menschen hinweise, ein Hauptthema bei Makarios und auch etwas für die ostkirchliche Orthodoxie Typisches. (Staats 1997,16–23, bes.21–22).

Vorträge nach der zweiten Art, die besonders auf die Wirkungsgeschichte in der Neuzeit fokusierten, gab es in Goslar drei. Die Verfasser und Themen waren: J.H. van de Bank, „Makarios und das Hüsgesinn der Lieften", Hans Schneider," Johann Arndt und die makarianischen Homilien" und Burkhard Weber, „Zur Wirkungsgeschichte des Makarios bei Philipp Jacob Spener".

Obwohl die Vorträge der Publikation des Goslarer Symposiums nicht ausdrücklich in Unterabteilungen gruppiert sind, kann man in ihr jedoch folgende Katgorien spüren: grundsätzliche Erörterungen, Vorträge zu Makarios-Texten, zu übrigen patristischen Texten, zu Luther-Texten und zum makarianischen – aufweisbaren oder nicht-ausweibaren – Einfluss in der nachreformatorischen Zeit.

Wie schwierig es bisweilen sein kann, einen Vortrag angesichts des sachlichen Inhalts zu positionieren, möchte ich anhand meines eigenen Vortrags in Goslar etwas kommentieren. Ich habe die Bedeutung meines Vortrags im Zusammenhang des Makarios-Symposiums über das radikale Böse so verstanden, dass darin das Böse anhand eines klassischen philosophischen Grundlagenbeitrags erörtert und dargestellt werden sollte. So verstanden liegt es nahe, dass ihr Inhalt anstatt wirkungsgeschichtlich als die Erörterung eines von der Wirkungsgeschichte losgelösten Grundlagenthemas verstanden wird. Angesichts der Tatsache, dass Kant in seiner Religionsphilosophie in vielerlei Weise die biblische Tradition berücksichtigt, macht sich in seinem Denken jedoch eine christliche Wirkungsgeschichte im allgemeinen Sinn, aber auf grundsätzliche Art kritisch-rational durchleuchtet, geltend. So kann der Vortrag in diesem Zusammenhang gleichzeitig als thematisch, in dem beschriebenen Sinn wirkungsgeschichtlich und an Denkgrundlagen orientiert verstanden werden. Ausserdem ziehe man z.B. den von Fricke (1983, 147) entdeckten Ausdruck „Hang zum Bösen" bei Diadochos von Photike in Betracht, ein Ausdruck, der überraschenderweise analog mit Kantischer Terminologie ist.

Wirkungsgeschichte und Erforschung geschichtlicher Themen

Wenn das Interesse auf eine zeitlich vom Ursprung fern liegende Wirkungsgeschichte gerichtet wird, läuft man leicht Gefahr, die Verbindung mit den Wurzeln zu verlieren. Um auch fern liegende geschichtliche Verhältnisse zu positionieren, sind mannigfache Klärungen geschichtlicher Art, z.B. allgemein-geschichtliche, politisch-geschichtliche, kirchengeschichtliche, begriffsgeschichtliche und zeitgeschichtliche, notwendig, um ein möglichst zuverlässiges Bild von den zu untersuchenden Phänomenen zu bekommen. Die Folge wird eine Erweiterung der Themenfelder durch Nachweise von Ähnlichkeiten sowie selbständige Spezialuntersuchungen sein. Erforschung geschichtlicher Themen ist dann von Wirkungsgeschichte zu unterscheiden. Die Akten des Symposiums von Amelungsborn sind ein Beispiel dafür, dass Tendenzen dieser Art zur Folge gehabt haben, dass die Vorträge – offensichtlich auf Anregung der nur zu spürenden kategorialen Anordnung der Goslarer Vorträge – explizit in drei Abteilungen gruppiert sind: Makarios und seine Umwelt, Luther und die Reformationszeit, Pietismus und Neuzeit. Die Akten des Makarius-Symposiums von Preetz enthalten wiederum Beispiele dafür, dass Vorträge, die Erörterungen von Makarios-Texten oder als selbständige Spezialuntersuchungen zu charakterisieren sind, erwünscht worden sind. Zu bemerken ist, dass nach Amelungsborn das Aktenmaterial nicht mehr Gliederungen in Form von expliziten Abteilungen enthält. Ist der Grund dazu der, dass angemessene Experten zu den erwünschten Sachfragen aus sprachlichen oder sonstigen Gründen nicht aufzutreiben waren, unbekannt blieben oder die Aufwendungen ihnen über den Kopf gewachsen sind?

Die Titel der Akten der bisherigen Makarios-Symposien enhalten folgende Themen: Das Böse (Goslar), Der Heilige Geist (Karis), Das Gebet (Amelungsborn), Bibelauslegung und Gruppenidentität (Neu-Valamo), Grundbegriffe christlicher Ästhetik (Preetz), Askese und gemeinsames Leben (Åbo/Turku), Mystik – Metapher – Bild (Göttingen). Das Thema des diesmaligen Symposiums lautet „Östliche Tradition“. Das für Neu-Valamo bestimmte Thema war das Ergebnis eines Gesprächs zwischen Jouko Martikainen und mir. Zwei Kapitel der Dörriesschen Untersuchung, das vierte über den charismatischen Lehrer und das fünfte über Kirche und Christentum, gaben den entscheidenden Anstoß – freilich in mäßiger inhaltlicher Umformung. Hierüber schrieb ich im Vorwort der Herausgabe der Akten: „Für die Fortsetzung müsste die Perspektive anders, jedoch wieder irgendwie die Theologie des Makarios berücksichtigend angelegt werden. Eine Lösung stellte sich in dem Thema heraus, das für dieses Symposium bestimmt wurde: „Bibelauslegung und Gruppenidentität“. Die Bibel ist für Makarios die einzige Autorität und so auch in manchen Gruppierungen, auf die er in irgendeiner Form später eingewirkt hat. Nichtsdestoweniger ist das Thema diesmal in einem geschichtlich sehr offenen Sinn zu verstehen, wobei seine ökumenische Implikationen einzubeziehen sind.“ Die Themen in Preetz, Åbo/Turku und Göttingen bestätigen ihrerseits deutlich die offene Haltung, die die Symposien mit dem Namen Makarios und der Wirkungsgeschichte des damit Benannten verknüpfen. Angesichts des Themas „Mystik“ möchte ich darauf hinweisen, was Klaus Fitschen zur Beantwortung der Frage, ob Pseudo-Makarios ein Mystiker war, hervorgehoben hat. Fitschen stellt fest:

> „Befragt man Pseudo-Makarios selbst, so reicht es natürlich nicht aus, einfach seine Anwendung des Begriffes 'mystisch' zu untersuchen. Dieser bezieht sich auf das Schriftverständnis, in einem weiteren Sinne auf mystische Geheimnisse, die in der Schrift zu finden sind oder auch in der Kirche, dann aber auch auf die mystische Gemeinschaft mit Gott. Gerade im Blick auf die letzte Bedeutungsvariante wird man ihn einen Mystiker nennen können, doch ist er eben nicht nur das. Überhaupt scheint die altkirchliche – wenn man diese Kategorie denn undefiniert benutzen mag – etwas anderes sein als mittelalterliche Mystik, die auf den Visionen und Eingebungen darauf spezialisierter Frauen und Männer beruht. Ein solcher Spezialist war Pseudo-Makarios nicht. Vielmehr ist bei ihm das Mystische nur ein Element, wenn auch ein starkes, da eines seiner wichtigen Themen – und darauf hatte auch Dörries hingewiesen – die Einung mit Gott ist.“ (Fitschen 2008, 5–12,bes. 11–12.)

Nebenbei sei bemerkt, dass das finnische Makarios-Projekt ursprünglich ein Teilprojekt über die s.g. ostbottnischen Mystiker beinhaltete. Der Terminus „Mystik“ bezog sich darin auf solche Verfasser wie Böhme, Gichtel, Bernierès de Louvigny, Angela da Foligno und Thomas a Kempis (Erikson 19.11.1982). Über Böhmes Einfluss in Finnland sprach ich in Kiel 1995.

Schluss

Nach den im Vorangehenden vollzogenen Überlegungen ist es nun möglich, den Ausfall der Formierung der hauptsächlichen Themenfelder der Makarios-Symposien näher zu bestimmen. Hierbei ist daran zu erinnern, dass eine Themeneinreihung der Vorträge nur subjektiv vorgenommen werden kann. Ich schließe an die Themen eine Vortragsstatistik an, die sicherlich anders aussehen könnte.

1. Sprache und Texte des Makarios: Vorträge insgesamt 20.
2. Das Böse: Vorträge insgesamt 9, davon Sprache und Texte des Makarios 1 und Luther und Luthertum 2.
3. Der Heilige Geist: Vorträge insgesamt 7, davon Sprache und Texte des Makarios 1, Patristische Zeit 1.
4. Das Gebet: Vorträge insgesamt 10, davon Sprache und Texte des Makarios 2, Patristik 1, Luther und Luthertum 4 und Pietismus und Neuzeit 3
5. Patristische Zeit (exklusive Sprache und Texte des Makarios): Vorträge insgesamt 19, davon ungedruckt 1 (Gotthard Nygren).
6. Luther und Luthertum: Vorträge insgesamt 15, davon Das Böse 2 und Gemeinsames Leben und Spiritualität 1.
7. Pietismus und Neuzeit: Vorträge insgesamt 15, davon Luther und Luthertum 6.
8. Ästhetik: Vorträge insgesamt 14, davon Das Böse 1, Der Heilige Geist 1, Luther und Luthertum 3, Patristik 5, Mystik 1.
9. Gemeinsames Leben und Spiritualität insgesamt 14 Vorträge, davon Sprache und Texte des Makarios 3, Patristik 2, Luther und Luthertum 1 und Mystik 4.
10. Mystik: insgesamt 10 Vorträge, davon Pietismus und Neuzeit 2.
11. Bibelauslegung (exklusive Sprache und Texte des Makarios): insgesamt 7 Vorträge, davon Patristik 3, Luther und Luthertum 4, Pietismus und Neuzeit 1.
12. Philosophie: insgesamt 3 Vorträge, davon Das Böse 1 und Mystik 1.
13. Östliche Tradition (exklusive die Vorträge von Bergvik 2014; exklusive Sprache und Texte des Makarios und Patristik): insgesamt 7 Vorträge, davon Gemeinsames Leben und Spiritualität 1.

Die Akten der Makarios-Symposien

1. Strothmann, Werner (Hrsg.), Makarios-Symposium über das Böse. Vorträge der Finnisch-deutschen Theologentagung in Goslar 1980. Otto Harrasowitz: Wiesbaden 1983. (Göttinger Orientforschungen I. Reihe: Syriaca, Bd. 24.)
2. Cleve, Fredric & Ryökäs, Esko (Hrsg.), Makarios-Symposium über den Heiligen Geist. Vorträge der zweiten Finnisch-deutschen Theologentagung in Karis 1984. Åbo Akademis förlag: Åbo 1989.

3. Martikainen, Jouko & Kvist, Hans-Olof (Hrsg.), Makarios-Symposium über das Gebet. Vorträge der dritten Finnisch-deutschen Theologentagung in Amelungsborn 1986. Åbo Akademis förlag: Åbo 1989.
4. Kvist, Hans-Olof (Hrsg.), Bibelauslegung und Gruppenidentität. Vorträge der vierten Finnisch-deutschen Theologentagung (Makarios-Symposium) im Kloster Neu-Valamo, Finnland 28.–30.8.1991. Åbo Akademis förlag: Åbo 1992.
5. Fitschen, Klaus & Staats, Reinhart (Hrsg.), Grundbegriffe christlicher Ästhetik. Beiträge des V. Makarios-Symposiums Preetz 1995. Harrassowitz Verlag: Wiesbaden 1997. (Göttinger Orientforschungen I. Reihe Syriaca 36.)
6. Kvist, Hans-Olof (Hrsg.), Askese und gemeinsames Leben. Vorträge der sechsten Finnisch-deutschen Theologentagung (Makarios-Symposium) in Turku, Finnland 25.–28.9.2003. Åbo 2004. (Studier i systematisk teologi vid Åbo Akademi 28.)
7. Tamcke, Martin (Hg.), Mystik – Metapher – Bild. Beiträge des VII. Makarios-Symposiums Göttingen 2007. Universitätsverlag Göttingen: Göttingen 2008.

Sonstiges:

1. Protokolle zur Planung und Durchführung des finnischen Makariosprojekts 17.4.1979, 26.5.1982, 19.11.1982 (Erikson).
2. Forschungsplan für die Finnische Akademie 1981.
3. Seminarprogramm 11.1.1982 einschliesslich Eingeladenenliste.
4. Dörries, Hermann, Die Theologie des Makarios/Symeon. Vandenhoeck & Ruprecht: Göttingen 1978. (Abhandlungen der Akademie der Wissenschaften in Göttingen. Philosophisch-Historische Klasse. Dritte Folge Nr. 103.)